Achille BERGER

THÉORIE SCIENTIFIQUE

DU

VIOLON

Prix Net : 3f 50

PARIS

E. DEMETS, ÉDITEUR

2, rue de Louvois

Tous droits de reproduction, de traduction et d'arrangements réservés pour tous pays y compris la Suède, la Norvège et le Danemark.

Copyright 1910, by E. DEMETS, Paris.

1910

En Préparation, du même Auteur

TRAITÉ DE L'EXÉCUTION AU VIOLON

Achille BERGER

THÉORIE SCIENTIFIQUE
DU
VIOLON

Prix Net : 2 fr 50

PARIS
E. DEMETS, ÉDITEUR
2, rue de Louvois

Tous droits de reproduction, de traduction et d'arrangements réservés pour tous pays,
y compris la Suède, la Norvège et le Danemark.

Copyright 1910, by E. DEMETS, Paris.

A MADEMOISELLE M. GODARD

HOMMAGE D'AFFECTUEUSE RECONNAISSANCE

A. B.

PRÉFACE

La supériorité d'exécution de certains violonistes ne tient souvent qu'à ce fait qu'ils utilisent de leurs forces celles qui tendent le plus naturellement au jeu qu'exige le violon. Pour faire entendre un son avec un instrument, il faut consentir à un effort. Si cet effort n'est pas approprié, si l'on ne satisfait pas exactement aux lois qui régissent le corps sonore et le corps de l'homme, non seulement on perdra toute sûreté, mais on n'aura pas par rapport à soi, la sonorité la meilleure, la plus « violonistique ».

Des violonistes classiques nous ont laissé sur la manière de jouer du violon des ouvrages qui, bien qu'assez pauvres au point de vue théorique, sont assez exacts quant aux principes exposés. Guidés par un instinct remarquable, la théorie qu'ils formulaient était la conséquence d'une manière de jouer très pure. Après eux, il ne restait plus qu'à étudier d'une manière rationnelle les principes formulés empiriquement, ou, mieux encore, sans se poser aucun but a priori, à étudier dans leur essence et dans leur enchaînement les faits que supposent l'exécution correcte d'une œuvre sur le violon. Ne l'ayant pas fait, les théoriciens n'ont pas tardé à ne plus s'entendre ; et non seulement ils n'ont pas cessé d'affirmer sans s'expliquer, mais ils ont affirmé différemment, si bien qu'on peut dire aujourd'hui qu'un élève qui serait curieux au point de consulter plusieurs ouvrages **ne pourrait faire entendre un seul son.**

Pour modifier un tel état de choses, il n'y a qu'un moyen : rendre possible la détermination exacte de la technique selon les dispositions anatomiques de chacun. C'est ce que nous avons cherché à faire ici, selon nos forces.

Cessant de considérer le violon et l'archet comme révélés, nous n'avons conservé de leur forme que ce qui était naturellement déterminant par rapport à l'homme, c'est-à-dire le corps sonore chargé de tels et tels désirs. Puis en étudiant :

1° L'exigence de la nature par rapport à l'homme ;

2° Les ressources de l'homme par rapport à ces exigences ;

3° L'influence réciproque du corps sonore sur l'homme, de l'homme sur le corps sonore ;

Nous avons cherché à les unir rationnellement en vue de la fin la meilleure. Et c'est ainsi que nous avons pu voir apparaître corollairement à la technique, la forme que l'on pourrait appeler humaine du violon et de l'archet.

A. BERGER.

Mai 1910.

CHAPITRE PREMIER

L'IDÉE DE VIOLON

La corde et le désir des violonistes. — L'archet à bras. — Influence de l'archet à bras sur la disposition des cordes. — L'archet mécanique. — Influence de l'archet mécanique sur la disposition des cordes. — Le choix des violonistes. — La proportion entre l'effort donné et le résultat obtenu oblige le violoniste à équilibrer son travail selon les qualités de son instrument. — Moyen pratique d'équilibrer son travail.

L'imperfection naturelle des corps sonores et l'impossibilité dans laquelle nous sommes de tirer de ces corps tout ce qu'ils contiennent, font que par rapport à nos désirs un instrument n'est jamais complet.

La division est donc au sein des instrumentistes. Il faut d'abord choisir un corps sonore, et ensuite un mode d'utilisation de ce corps : le corps choisi par les violonistes est la corde.

Une corde simplement tendue peut être ébranlée par l'effet d'un pincement, d'une percussion, d'un frottement.

Par le pincement et la percussion, le son pourrait varier en hauteur et en intensité ; il pourrait être accompagné.

Par le frottement il pourrait durer.

Or la qualité de durée fait partie du minimum exigé par les violonistes. Il faut donc choisir comme mode d'ébranlement, le frottement.

Le frottement suppose l'archet et il peut y avoir deux sortes d'archet : l'archet à bras et l'archet mécanique. Nous commencerons par

L'ARCHET A BRAS

Si toutes les cordes étaient disposées les unes à côté des autres comme dans la harpe, l'archet en en touchant une les toucherait toutes. Il faut donc, si l'on veut se servir de l'archet à bras, modifier tout d'abord la position des cordes de telle sorte que l'archet ait à suivre une courbe.[1]

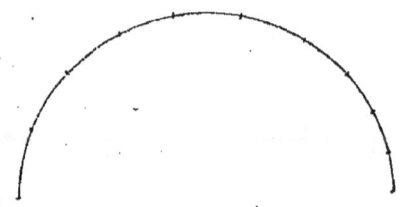

Figure 1

Cette disposition serait vicieuse : à chaque note l'archet serait déplacé, et tous les avantages de la liaison seraient perdus. Il faut donc faire une nouvelle modification, il faut diminuer le nombre des cordes.

On sait que pour obtenir un son, il est nécessaire d'établir tout d'abord une certaine proportion entre le diamètre, la longueur, la tension etc... de la corde.

---

[1] Dans la figure 1, les cordes sont supposées vues en profondeur ; dans la figure 2, quelques cordes sont vues de face.

Cette proportion, fort heureusement, n'est pas immuable.

On peut, si l'on veut, et dans une certaine mesure, ne modifier que la longueur, que la tension etc... La qualité du son s'en trouve bien un peu altérée, mais la note est tout de même produite. S'il n'en avait pas été ainsi on aurait été obligé de se contenter, en fait de violon, d'une forme instrumentale aussi pauvre que celle du « violon de fer »[1] de J. Wilde, où des tiges de métal sont disposées comme le sont dans la figure 1 les cordes, mais sur un plan vertical.

Cela sans doute nous eut coûté beaucoup, car nous avons la voix.

La voix, dans la formation des instruments, joue le rôle d'entraîneur. En affinant notre oreille, elle nous invite à mieux chercher : l'Italie qui fut le pays du *bel canto* devait être aussi celui de la lutherie.

Si, théoriquement, toutes les parties constitutives de la corde sont modifiables, dans la pratique la seule modification possible est l'écourtement. L'archet n'immobilise bien qu'un bras ; mais si l'on peut en abaissant les doigts écourter une corde on ne pourrait cependant modifier la tension et encore moins la densité.

De la figure 1 on passe à la figure 2 (page 10).

Mais un nouveau défaut apparaît alors : les cordes seraient d'inégale longueur.

Le même effort, le même abaissement du doigt ne donnerait pas le même résultat musical. Au point de vue technique ce serait une grosse difficulté. Il faut donc les égaliser.

---

[1] Voir au Musée Instrumental du Conservatoire de Paris les Numéros 764, 765, 766.

Mais, dira-t-on, si pour égaliser les cordes on charge les unes et décharge les autres, que deviendra le son? Non seulement sa qualité sera altérée en allant sur la même corde du grave à l'aigu, mais elle le sera aussi d'une corde à l'autre. Et en effet, le *sol* du violon n'est pas le *ré*, le *ré* n'est pas le *la*, et le *la* n'est pas la chanterelle. Mais ce qu'il faut remarquer, c'est que cette inégalité loin d'être un défaut est au contraire une qualité; car l'écourtement des cordes devient original, parce que le *fond des cordes* est lui-même original : d'où les indications si souvent répétées de "SUL IV", "SUL III", etc... selon que le compositeur désire le timbre particulier à la quatrième ou à la troisième corde.

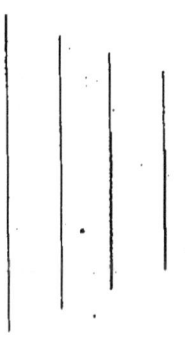

Figure 2

Cependant, on ne pourrait ramener à une seule longueur toutes les cordes d'un instrument comme la harpe. Il faut la diviser en plusieurs parties, et au violon revient la partie supérieure : l'aigu.

Un musicien de Prague, sans doute peu subtil sur les timbres, avait cherché un moyen qui permît de conserver aux cordes la proportion qu'on leur voit en passant d'un instrument comparable à la harpe, à un instrument à archet. Il jouait de la *contrebasso de gamba*, l'ancêtre de notre contrebasse actuelle. L'appareil qu'il avait imaginé, nous dit Proetorius dans son "*Organographia*", se composait de six touches qui permettaient, sans effort spécial, d'aller sur tous les points de la touche [1].

L'idée de cet appareil, peut-être utile par rapport à la

---

[1] D'après Vidal : *Les instruments à archet.*

disposition que ce musicien donnait aux cordes, reposait sur une erreur. Avec ce système, toute la sensibilité des doigts était perdue. Pour la *contrebasso de gamba* et du temps de Proetorius cela ne comptait peut-être pas pour beaucoup, mais de nos jours, même en exceptant le violon, une telle application serait une faute.

Règle Générale. — Un instrument doit toujours posséder ce qui est susceptible d'enrichir sa sonorité, quand pour obtenir cette sonorité on a dû abandonner d'autres qualités, comme par exemple ici, la polyphonie.

Pour utiliser l'archet à bras, il a fallu supprimer des cordes (de fig. 1 à fig. 2). Avec cette suppression est disparue la possibilité de combiner plusieurs sons ; il faut bien une compensation : la possibilité de mettre les doigts directement en contact avec les cordes est cette compensation.

Cette règle, fondamentale pour quiconque veut expliquer ou faire progresser la facture de certains instruments, n'a pas arrêté les inventeurs, et le musicien de Prague a eu des successeurs.

On lit, dans le *Manuel du Luthier* [1], qu'un M. de Vlaminck « frappé des difficultés qu'offrent le violon et le violoncelle aux élèves qui commencent l'étude de ces instruments — difficultés qui le font à tort rejeter au profit du piano — a eu l'idée d'adapter un clavier sur le manche du violoncelle et de transmettre la pression des doigts avec une justesse absolue sur les cordes à l'endroit voulu pour obtenir la note cherchée, au moyen de lames abaissées par les touches de ce clavier. L'artiste touche le clavier de la main gauche et glisse l'archet de la main droite sur les cordes pour les faire vibrer. Il est résulté de cette heureuse combinaison un mécanisme nouveau destiné à

---

[1] *Encyclopédie-Roret.*

faciliter le jeu des instruments connus. » Et l'auteur estime que cette invention est « certainement une des plus heureuses et des plus importantes en matière musicale qui aient été faites dans ces derniers temps, car elle est la solution rêvée par les amateurs et même par les artistes désireux de jouer de ces admirables instruments à cordes qui, par leur ressemblance avec la voix humaine parlent le plus à l'âme et donnent l'expression la plus élevée de l'art musical instrumental. »

L'ennui, c'est que ces « admirables instruments » ne le sont plus du tout si on les prive de l'apport de l'homme. Un violon sans la sensibilité de l'homme n'est plus un violon, c'est quelque chose qui se rapproche de la vielle. Il en est de même pour le violon-alto, pour le violoncelle et même pour la contrebasse. Quand on veut extraire d'un corps sonore ce que la nature y a déposé, il ne faut pas espérer recevoir sans donner.

La science cherche toujours le plus simple ; par essence elle est *économe*. Mais si elle est telle ce n'est pas spécialement pour diminuer la peine de l'homme ; c'est parce que le bien attire le bien et que trouver l'effort le plus simple c'est du même coup trouver le résultat le plus grand.

Confier l'effort à une mécanique, quand l'homme a tout de cette mécanique et en plus ce qu'elle n'a pas : la vie, c'est aller contre l'ordre, c'est être *avare*.

Toute tentative en ce sens échouera fatalement, tant, tout au moins, que l'homme conservera intact les désirs qui sont au fond de lui, et qui n'ont de pleine réalisation que dans une utilisation intégrale des moyens dont il dispose.

En résumé, l'instrument qu'actionnera l'archet à bras contiendra nécessairement :

Quelques cordes disposées selon une courbe et rapprochées les unes des autres ;

Une plaque résistante placée au-dessous des cordes pour que les doigts puissent s'y abaisser.

L'ARCHET MÉCANIQUE

Les applications de l'archet mécanique ne sont pas populaires. La vielle seule a connu quelques succès, et maintenant est-elle bien oubliée.

Ce mode d'ébranlement ne mérite peut-être pas un tel oubli, car, bien qu'imparfaitement, il permet de réunir deux qualités qui ne voisinent pas souvent : la durée et la polyphonie.

Que désireraient volontiers les pianistes ? Un son qui dure ? Avant eux, que désiraient les clavecinistes ? Un son qui dure.

« L'orgue et le clavecin, qui sont tout ce que nous avons de plus parfait en ce genre, manquent cependant d'une perfection qui se trouve dans des instruments qui leur sont d'ailleurs bien inférieurs par rapport au nombre des parties et à l'harmonie, tels que les instruments à archet, ceux qu'on pince avec le doigt, et les flûtes ou autres pareils instruments à vent, dont on peut rendre le son plus fort ou plus faible, plus ou moins enflé à l'imitation de la voix [1]. » Avec la qualité de durée, et un mécanisme bien compris, une note, plusieurs notes, peuvent être en effet aussi bien respectées dans leur durée que dans leur intensité. Les facteurs l'ont bien compris,

---

(1) *Mémoires de l'Académie Royale des Sciences*, année 1742 ; *Rapport sur un nouveau clavecin présenté par* M. LE VOIR.

aussi se sont-ils difficilement résignés à construire des clavecins et des pianos tels que ceux que nous avons.

Bien avant le clavecin à archet de Le Voir, on avait eu le clavecin-viole de Hans Heyden, le clavecin-vielle de Cuisinié, la viole-cembalo de J. Haydn, et bien d'autres encore. Depuis, on a eu le clavecin à archet de Johann Hohlfeld, le celestino de Walher, l'harmonicode des frères Kaufmann, le sostenante-pianoforte, le polyplectron, etc., etc... Le plus célèbre de tous ces instruments a été peut-être le piano quatuor de Baudet (1867).

Fétis qui l'avait entendu à l'Exposition de 1867 en qualité de rapporteur, n'est pas très élogieux.

« Le piano-violon de M. Baudet, dit-il, avait pour objet suivant la pensée de l'auteur d'imiter dans son harmonie les effets du quatuor d'instruments à cordes; mais comme tous les essais de ce genre tentés depuis le XVIIe siècle, celui-ci n'aboutit à son but. Comme toujours, la partie supérieure du clavier a le son de la vielle et non du violon; dans les accords du médium on trouve une sonorité analogue à celle de l'harmonium. L'imitation des sons de violoncelle en chantant, est la seule partie de l'instrument qui produit quelque illusion [1]. »

Depuis, cependant, cet instrument a été bien perfectionné et ces derniers temps beaucoup de brevets, tant en France qu'à l'étranger, ont été pris pour des instruments à peu près similaires. La roue de la vielle y est généralement remplacée par une mèche de crins, de drap ou même de cuir, tendue entre deux bobines.

Mais en dépit de leur valeur mécanique aucun de ces

---

[1] Fétis : *Les Instruments de musique à l'Exposition universelle de 1867.*

instruments n'a réussi et ne semble devoir réussir. — Pourquoi ? Pourquoi tant d'énergie et tant d'argent dépensés sans résultat véritable sur un moyen qui, somme toute, s'offre naturellement à l'homme ? S'est-on trompé sur la valeur de cet archet ? N'est-il destiné à servir que des instruments inférieurs comme la vielle ? Nous nous sommes posé toutes ces questions et voici ce que nous avons cru remarquer.

Lorsqu'un son est émis avec continuité et cela par un archet sans fin (archet mécanique), les cordes, obligatoirement, sont individuelles ; c'est-à-dire qu'une mécanique est adaptée à chacune d'elles. Cette disposition fait perdre, comme tout à l'heure le clavier du violoncelle, mais sous une autre forme, une grande partie de la sensibilité de l'homme.

Or regardons autour de nous, regardons l'orgue. L'orgue aussi a des cordes individuelles, et il est soumis aux mêmes lois ; la seule différence c'est que ses cordes sont des tuyaux. Par la mécanique que ces tuyaux exigent, la sensibilité est aussi en partie perdue. Une flûte, une clarinette, un hautbois sont directement en contact avec l'instrumentiste ; ils ont le souffle, les lèvres, les doigts.

Donc, première remarque : si sur ces trois instruments on fait entendre une mélodie, l'organiste sera aussi pauvre par rapport au flutiste, au clarinettiste, à l'hautboïste, que le « pianiste-quatertiste » (nous lui donnons ce nom faute d'autre) par rapport au violoniste.

Mais poussons plus avant.

Tandis que la flûte, la clarinette, etc... ne peuvent permettre que des mélodies, l'organiste peut se rattraper en faisant entendre des accords, en accompagnant cette mélodie. Le pianiste-quatertiste a-t-il les mêmes avantages ? Oui.

Donc, deuxième remarque : à ce point le pianiste-quatertiste est l'égal de l'organiste.

Poussons plus avant encore.

L'organiste jouit d'un autre avantage. Tandis que la flûte etc... ne possèdent, sauf de légères modifications de grave et d'aigu, qu'un seul timbre, l'organiste peut en faire entendre plusieurs. Le piano-quatuor permet-il cela ? Non.

Donc, troisième et dernière remarque.

Le piano-quator ne donne pas pour l'abandon de la sensibilité ce que donne l'orgue. Il est donc inférieur et pour avoir une raison d'être, il devrait être un *orgue à cordes.*

Il faudrait essentiellement que des rangées de cordes A, puissent constituer des jeux ; que ces jeux pour être abaissés soient rattachés à des boutons placés, comme dans l'orgue, devant le clavier ; que le point C de la caisse supposée à chaque corde forme pivot ; que par l'abaissement d'une touche du clavier la tige D E correspondante avance, et qu'une mèche d'archet B, actionnée par un moyen quelconque (soufflerie, moteur, eau etc...) passe devant chaque jeu.

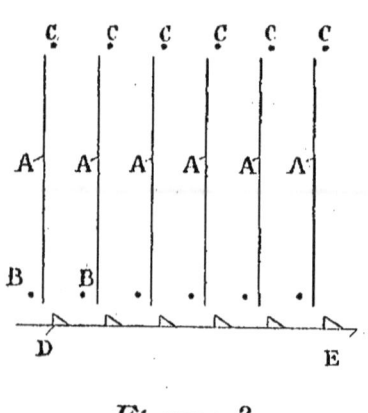

Figure 3

Voudrait-on, alors, pour produire tel timbre se servir des deux premiers jeux ?

1° — On tirerait deux boutons du clavier ; les deux jeux s'abaisseraient de manière à être en contact avec les tiges D. E ;

2º — On abaisserait les touches exigées par la musique à jouer : les tiges s'avanceraient entraînant les cordes abaissées jusqu'à elles. Les cordes seraient mises en contact avec l'archet, le son serait produit.

Que vaudrait ce son ? Nous l'ignorons. Ce que nous savons c'est que la perte de la sensibilité ne se compense pas par le seul avantage de la polyphonie. C'est la nature qui nous l'enseigne, et c'est un professeur qu'il est bon d'écouter quand on tient à son temps et aussi au but qu'on se propose.

**

Des deux moyens qui se présentent lorsqu'on désire la continuité, les violonistes ont choisi le premier ; ils ont donc à subir les conséquences de ce choix.

A l'origine de tout instrument on est obligé de supposer un minimum de désirs. C'est ce minimum qui oriente, en premier, l'instrument. Mais s'il se présente, comme c'est le cas ici, plusieurs moyens, il faut augmenter le nombre des désirs. On choisit alors entre l'archet à bras et l'archet mécanique, ou plutôt entre les instruments qui dépendent de ces deux modes d'utilisation.

Avec l'archet mécanique on aurait pu voir se greffer sur la durée, l'étendue (illimitée), l'intensité, la polyphonie, la variété dans le timbre ; avec l'archet à bras la durée n'a été augmentée que de certaines ressources d'étendue (4 octaves environ), d'intensité (coups d'archet) et de polyphonie (doubles cordes et accords). Il semble, tout d'abord, que les violonistes auraient pu mieux choisir ; mais cela n'est pas. A effort égal, ressources égales. Le minimum des violonistes n'a été augmenté que de qualités restreintes, mais ils sont restés, eux, près de la corde, et cela compense tout.

Cette variation de Bach écrite pour le violon :

J. S. BACH, Partita I pour Violon seul.

contient-elle la même somme d'expression que celle-ci écrite pour l'orgue ?

J. S. BACH, Chorale d'orgue: Christ, der Du bist der helle Tag.

le violon la *portera* aussi allègrement que l'orgue portera la sienne, parce que le son à la manière du violon est si riche, qu'il fait oublier les qualités absentes.

Mais si telle qualité compte pour tant d'autres, il est clair que l'on doit passer à cette qualité le temps qu'on passerait à d'autres. La *proportion* dans les qualités de l'instrument détermine donc la *proportion* dans les parties du travail.

La délimitation précise des heures du travail est assez difficile, parce qu'elle peut varier avec les aptitudes de chacun. Voici cependant un moyen qui pourra convenir à tous les talents et à tous les tempéraments.

Prendre une œuvre contenant, en quelques lignes, à peu près toutes les qualités foncières de l'instrument et dans la mesure où ses qualités sont généralement employées. Puis, considérer dans cette œuvre deux parties :

Dans la première, mettre tous les passages dit mélodiques (valeurs longues ou relativement longues);

Dans la seconde, mettre particulièrement tout ce qui appartient aux « traits », aux « coups d'archets ».

Exemple : *22ᵉ concerto de Viotti, 1ᵉʳ mouvement.*

Du début du solo, aux quatre mesures qui suivent le majeur :

première partie.

De ce point au premier point d'orgue :

seconde partie.

Les deux lignes qui suivent :

première partie, jusqu'au premier *tutti :*

seconde partie.

Cela fait, chercher à obtenir par rapport au talent déjà

acquis la perfection dans les deux parties : le temps qu'on aura mis pour obtenir partout le même résultat sera la base de l'horaire qu'on devra suivre dans le travail.

Si dans la première on a dépensé par exemple trente heures et dans la seconde quatre-vingt-dix :

Un quart du travail journalier ira à l'étude du son ;

Les trois autres quarts iront à l'étude des gammes, des arpèges, ou d'exercices équivalents.

Ainsi l'on progressera dans l'ordre.

CHAPITRE DEUXIÈME

LA CORDE ET LE BRAS GAUCHE

L'obligation d'écourter les cordes — Première difficulté : les intervalles à combler ne sont jamais égaux entre eux. — La position ; système de Géminianini ; système de Léopold Mozart ; essai d'un système rationnel. — Deuxième difficulté : la main doit contourner une caisse de résonnance. — Les diverses formes créées. — Chanot, Savart et Stradivarius.

Pour utiliser la corde, le violoniste doit tirer de son corps une force qui permette et son écourtement et son ébranlement ; d'où deux parties bien distinctes dans la théorie du violon : celle qui se rapporte au bras gauche, celle qui se rapporte au bras droit.

« Quelle ressemblance plus parfaite que celle de nos deux mains ! Et pourtant quelle inégalité plus criante. A la main droite vont tous les honneurs, les désignations flatteuses, les prérogatives : elle agit, elle ordonne, elle *prend*. Au contraire la main gauche est méprisée et réduite au rôle d'humble auxiliaire : elle ne peut rien par elle-même ; elle assiste, elle seconde, elle tient. »[1]

Peut-on hésiter beaucoup avant de confier le violon à tel côté plutôt qu'à tel autre ? Non. Le rôle d'humble auxiliaire n'existe pas ici, car les deux mains sont très occupées. Cependant le bras droit étant généralement

---

[1] M. Heertz : *La prééminence de la main droite*, revue philosophique, décembre 1909.

plus fort, il convient de lui donner la partie de l'instrument qui demande le plus de mouvements.

Nous conviendrons donc de ce qu'ont convenu déjà les violonistes : le côté gauche sera le côté du violon, le côté droit, celui de l'archet.

Nous commencerons par le violon.

*
* *

Pour élever d'un ton le son d'une corde il faut la toucher à son premier dixième. Plus on produit de sons sur une corde, plus cette corde s'écourte et plus par conséquent les dixièmes sont petits. C'est ce que l'on voit dans les mandolines et les guitarres où les petites barres qui marquent la place des doigts sur la corde se resserrent en allant vers l'aigu.

Figure 4

La main ne peut être assez large ni les doigts assez longs pour embrasser d'une seule fois toute la touche. La main doit être déplacée et ce déplacement entraîne une modification dans la forme du bras. On *démanche*, comme on dit, et le point de la corde sur lequel on s'arrête est une *position*. Il y a la première, la deuxième, la troisième, etc..., ; il pourrait y en avoir jusqu'au chevalet.

Bien que l'on se serve continuellement de ces expressions, on ne peut pas dire qu'elles signifient quelque chose.

Gemianini, qui semble être l'auteur du système encore en usage aujourd'hui, s'exprime ainsi dans sa *Méthode de Violon* : « ... il suffira que l'élève se souvienne bien que la première position n'est que la position ordinaire, la *primitive*, que la deuxième commence en prenant le *sol* de la chanterelle du premier doigt à la place du second doigt, que la troisième position commence au *la*, en prenant le *la* du premier doigt, ainsi des autres, toujours un ton au-dessus, en employant à chaque position depuis le premier doigt jusqu'au quatrième inclusivement.

Position Première

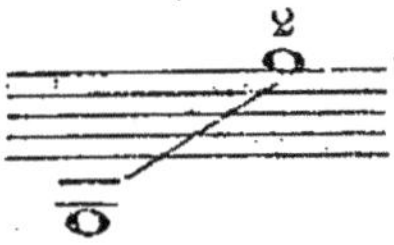

Position Deuxième

Position Troisième

Position Quatrième

Position Cinquième

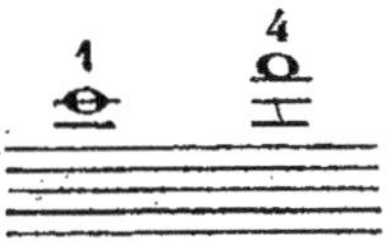

Position Sixième

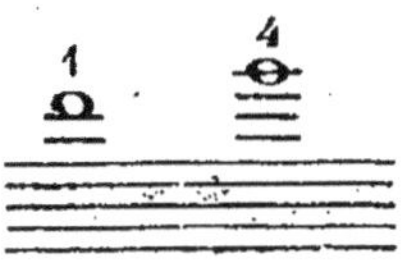

Position Septième

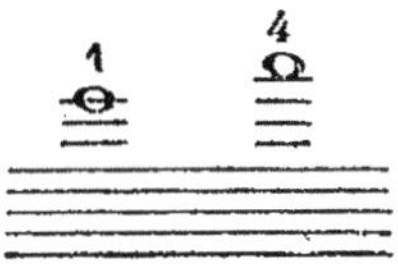

Position Huitième

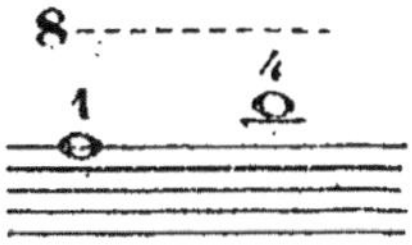

Position Neuvième

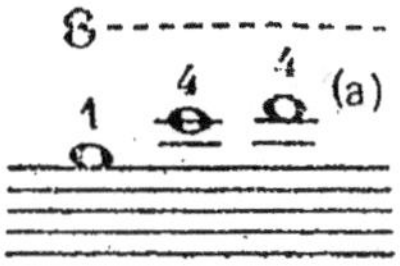

Dans la neuvième position il se trouve une note désignée par la lettre (A) qui se fait en avançant un peu le doigt : cela s'appelle procéder par extension. »

Léopold Mozart, le père du compositeur célèbre, avait imaginé un autre système.

Il avait pris pour base non pas le violon, non pas une gamme, mais la portée, ses lignes et ses interlignes. Les doigts coïncident-ils avec les lignes ? on est à une position ; coïncident-ils avec les interlignes ? on est à une autre.

« Il y a, dit-il, trois sortes de positions : la position entière, la demi-position et la position composée.

De la position entière :

Dans cette position on touche toutes les notes qui sont posées sur les lignes avec le premier et le troisième doigt ; et celles qui sont posées dans les interlignes avec le deuxième et le quatrième doigt. »

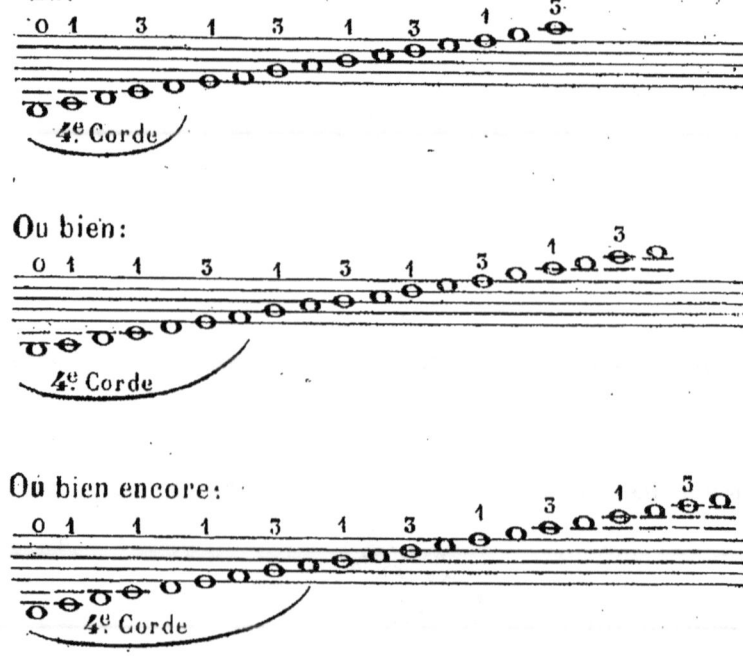

De la demi-position :

« On est à la demi-position, quand on prend *l'ut* sur la seconde corde et le *sol* sur la chanterelle avec le premier doigt pour atteindre *l'ut*. On l'appelle demi-position parce qu'on n'y suit point la règle du doigter ordinaire. Dans la position entière on prend les notes qui sont posées sur les lignes avec le premier ou le troisième doigt; dans celle-ci au contraire on le prend avec le deuxième ou quatrième. »

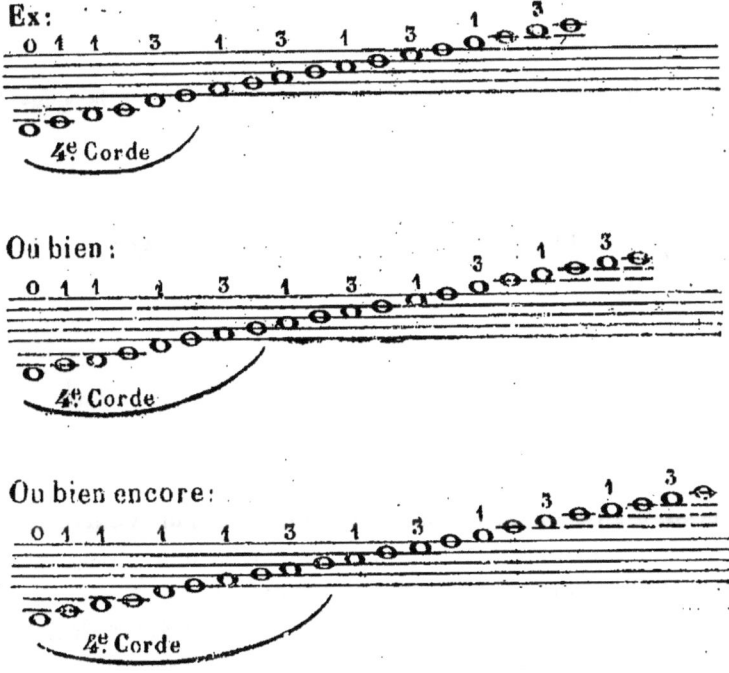

Et il appelait enfin : position composée, « une manière de jouer où l'on se sert de la demi-position et de la position entière alternativement tant par la nécessité que pour la commodité et la netteté selon que les cas l'exigent. »

Ce système ne pouvait guère survivre à son auteur. Ces trois appellations ne désignent en réalité que deux positions : la première et la seconde. Comment, en effet, distinguer la première des troisième, cinquième et septième ; et la seconde des quatrième, sixième et huitième ?

Le système de Gemianini est plus précis, plus complet. Mais bien que dans la pratique il puisse encore servir, théoriquement il est insuffisant.

Pourquoi, par exemple, est-on à la cinquième position sur le Do♮ plutôt que sur le Do♯ à la quatrième sur le Si♮ plutôt que sur le Si♭ à la troisième sur le La♮ plutôt que sur le La♭

On pourrait poser ces questions cinq fois par octave et sur chaque corde, et on le pourra tant que pour désigner douze choses on n'aura que sept noms

Dans une octave notre oreille peut apprécier douze sons ; la main peut donc s'arrêter douze fois. Va-t-on pour cela parler de douzième position ? Non.

Regardons ce que l'on fait en solfège. Là aussi on n'a que sept noms pour désigner douze choses ; mais quand par rapport à la note grave de l'intervalle, la note aiguë n'est pas *diatonique*, c'est-à-dire qu'on ne la trouverait pas si en prenant cette note grave pour tonique on solfiait une gamme diatonique, l'intervalle est dit mineur, diminué ou augmenté, selon les cas.

Les toniques, pour le violon, seraient-elles les premières notes des premiers doigts :

sur cet accord :

on serait à la troisième position *majeure*;

sur celui-ci :

on serait à la troisième position *mineure*;

sur celui-ci :

on serait à la troisième position *augmentée*, parce qu'en partant des notes toniques, on rencontre ces accords après un intervalle musical de tierce majeure, de tierce mineure, de tierce augmentée.

Par ce moyen, toutes les positions seraient exactement définissables, et l'on aurait un tableau des positions aussi complet que celui des intervalles.

TONIQUES :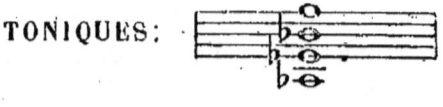

	Augmentée	Sur-augmentée
Première Position		
	Mineure / Majeure / Augmentée	
Deuxième Position [1]		
	Mineure / Majeure / Augmentée	
Troisième Position		
	Diminuée / Juste / Augmentée	
Quatrième Position		
	Diminuée / Juste / Augmentée	
Cinquième Position		
	Mineure / Majeure / Augmentée	
Sixième Position		
	Mineure / Majeure / Augmentée	
Septième Position		

[1] Nous n'indiquons que les notes faites sur la 4ᵉ corde ; pour les autres cordes il n'y a qu'à considérer l'accord du Violon.

Pour abaisser les doigts, il faut que la main soit dans un certain rapport avec les cordes.

Parallèle : les doigts ne toucheraient que les notes placées en face d'eux-mêmes ; ils ne pourraient s'écarter ;

Oblique : ils pourraient correspondre à un intervalle beaucoup plus grand.

Dans ce rapport, en effet, le premier doigt [1] est avantagé parce que la distance entre A (sillet) et B (index) est augmentée si l'on passe de la fig. 5 à la fig. 6 et les

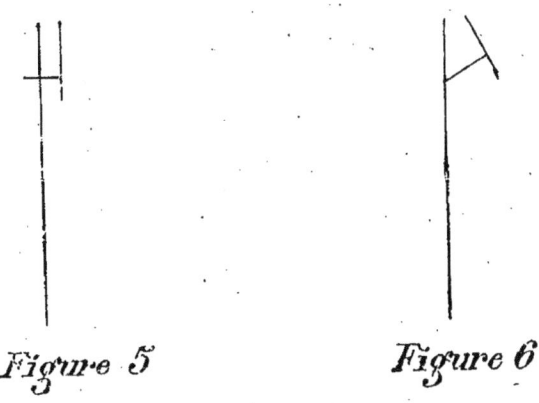

Figure 5   Figure 6

autres le sont aussi parce que pour atteindre la même corde ils ont à s'allonger davantage. Ayant plus à s'allonger, l'écartement entre eux devient plus facile ; au lieu de ne produire qu'un intervalle de tierce — ce qui aurait lieu si l'on tenait la main parallèlement aux cordes — on peut en produire un de quarte augmentée, et même, en utilisant deux cordes et en étendant un peu plus les doigts,

---

[1] Le pouce, n'ayant que deux phalanges, ne peut être utilisé qu'à fixer la main près du manche ; d'où la numération suivante : 1er doigt, l'index ; 2e doigt, le majeur ; 3e doigt, l'annulaire ; 4e doigt, le petit doigt.

de neuvième, de dixième mineure, de dixième majeure, quelquefois sans préparation. Exemple :

Dans les positions éloignées, nous l'avons vu, les points à toucher se rapprochent. Va-t-on serrer les doigts ? Va-t-on diminuer l'obliquité ? Théoriquement, les deux moyens sont utilisables ; mais, si l'on observe bien l'exigence du corps sonore, un seul est possible : le premier.

Jusqu'alors, en effet, la corde a été supposée se suffire à elle-même. Cependant, il n'en est pas ainsi. Si l'on fait vibrer un diapason sans l'appuyer sur un corps solide, le son est faible ; il en serait de même de la corde, si, par un chevalet, on ne la mettait en relation avec une caisse de résonnance.

Cette caisse a donné lieu à de nombreuses recherches [1].

---

[1] En jetant un coup d'œil sur les différentes figures symétriques, on voit de suite qu'un losange, un triangle isocèle conviendrait mieux, en fixant le manche à l'angle qui n'a point d'égal ; mais comme dans cette partie les tables seraient très étroites, elles vibreraient très difficilement. Comme nous nous en sommes assuré par plusieurs expériences, les sons seraient faibles et difficiles à obtenir, surtout les plus graves. Quand on saupoudre de sable la table d'un violon ayant cette dernière forme et qu'on fait résonner les cordes, les figures qui se produisent sont incorrectes dans la partie qui touche au manche.

Nous ne parlerons pas de carré, puisqu'il ne présente pas les conditions demandées, c'est-à-dire plus de longueur que de largeur. Le rectangle ne convient pas non plus, parce qu'il est impossible de démancher ; d'ailleurs nous avons exécuté un violon de cette forme et l'expérience nous a appris qu'il ne convenait pas : les sons en étaient maigres, surtout les sons graves. » — F. Savart. *Mémoire sur la construction des instruments à cordes et à archets*. — Voir aussi au Musée Instrumental du Conservatoire de Paris les numéros 17, 35, 36, 46.

Mais après en avoir expérimenté beaucoup, on a dû revenir — pratiquement on ne l'avait jamais quittée — à la forme consacrée par Stradivarius. « Rien de plus heureux que cette forme, dit Vuillaume par l'intermédiaire de Fétis : Il suffit pour s'en convaincre du simple exposé de sa conformation. Sa caisse, dont la longueur est de 35 à 36 centimètres, a 21 centimètres dans sa plus grande largeur et 11 centimètres dans sa plus petite. Sa plus grande épaisseur ne présente qu'un développement de 6 centimètres. Ses parois sont si minces que le poids de la caisse de l'instrument n'est que d'environ 240 gammes ; néanmoins cette machine, si frêle en apparence, offre une résistance prodigieusement énergique aux causes de destructions qui agissent incessamment sur elle, car le violon supporte pendant des siècles une tension de 40 à 42 kilos, et une pression de 12 kilos sur sa partie la plus faible. Sa figure symétrique, ses contours gracieux et bien proportionnés, ses échancrures correspondantes dans le milieu de sa longueur, les surfaces voûtées de ses tables que consolident l'âme et la barre, les quatre colonnes triangulaires cachées dans les coins des échancrures, et les deux tasseaux placés à chaque extrémité, se coordonnent avec tant d'harmonie que la résistance et l'élasticité sont dans un équilibre parfait.

Les échancrures des côtés de l'instrument n'ont pas seulement pour objet de donner à l'archet le moyen d'agir librement sur les quatre cordes, car elles exercent une très heureuse influence sur le brillant et l'énergie du son, en ce que les extrémités de l'instrument produisent des vibrations énergiques qui vont se répercuter à l'endroit même où se produit l'impulsion [1] ».

[1] Fétis : *Stradivari*.

Un ingénieur de marine, Chanot, profitant du congé que lui procurait la chute de l'Empire, avait imaginé une forme de violon plus en rapport, selon lui, avec les lois acoustiques. En 1817, il présentait son violon à l'Institut. Une commission composée de Gossec, Cherubini, Catel, Lesueur, de Prony et Berton fut chargée de l'examiner. Un violoniste célèbre alors, Boucher, se fit entendre en se servant successivement de ce nouveau violon et d'un violon de Stradivarius. La Commission entière, dit le rapport, « dans trois épreuves consécutives a toujours cru entendre le Stradivarius lorsque M. Boucher jouait le nouveau violon, et *vice versa* lorsqu'il jouait le Stradivarius. Cette méprise continue a décidé la question en faveur du violon de M. Chanot qui, quoique fabriqué avec du bois neuf de deux ans de coupe et débité depuis six mois, a pu soutenir sans désavantage une concurrence aussi forte [1]. »

Une année après, en 1818, Félix Savart présentait à l'Académie des Sciences le violon qui porte son nom. La Commission différait peu ; Gossec seul avait été remplacé par Biot. Le violoniste Lefebvre fut chargé de le jouer : les éloges allèrent à Savart comme ils étaient allés à Chanot. Voici en effet ce qu'on lit dans les *Annales de Chimie et de Phisique*, année 1819, tome XII, page 223 :

« Il nous restait à faire une dernière épreuve, la plus importante et la plus décisive : c'était de prier quelque artiste habile d'essayer le nouveau violon de M. Savart, comparativement avec un violon d'excellente qualité. La Commission a invité M. Lefebvre, chef d'orchestre du théâtre Feydeau, à vouloir bien en faire l'essai devant elle. M. Lefebvre s'est rendu à nos désirs avec une com-

---

[1] *Moniteur Universel*, numéro du vendredi 22 août 1817

plaisance infinie : il a souhaité de comparer le violon dont il se sert lui-même habituellement, et qui a tant d'expression sous ses doigts. Il a d'abord joué devant nous successivement l'un et l'autre. On a remarqué dans le nouveau violon une grande pureté de son, jointe à l'égalité la plus parfaite ; on sait combien cette dernière qualité est rare et recherchée ; le nouveau violon, entendu ainsi de près paraissait avoir un peu moins d'éclat que l'autre. Pour nous assurer de la différence, nous avons prié M. Lefebvre de passer dans une pièce voisine et de jouer alternativement les mêmes phrases sur les deux instruments sans nous avertir de l'ordre qu'il mettrait entre eux ; alors ils se sont égalés si parfaitement que les personnes les plus exercées les ont confondus constamment l'un avec l'autre ou si le nouveau violon a offert quelque différence qui pût parfois le faire reconnaître, c'était un peu plus de suavité dans le son. »

Que signifient ces louanges ? La forme de Stradivarius n'est-elle pas ce qu'en dit Vuillaume ? Si. Seulement ce qu'il faut remarquer c'est que Chanot et Savart n'étaient dissidents qu'en apparence ; ils étayaient leur instrument sur ce qui, concurremment avec les parties qu'ils délaissaient, contribue le plus à la sonorité : les proportions humaines.

Quand on se place au point de vue acoustique, la formation du violon apparaît comme un fait miraculeux. Comment, en effet, des gens sans instruction ont-ils découvert cette forme, que des savants, comme Savart, après de minutieuses recherches, n'arrivaient pas à établir rationnellement ? Cela semble inexplicable. Cependant, si l'on se place au point de vue technique l'explication vient d'elle-même.

Il y a dans l'homme la forme de la plupart des objets qu'il utilise ; le tout est de connaître exactement en quoi consiste cette utilisation ; c'est ce qu'on fait les luthiers italiens, et c'est pourquoi leur œuvre nous étonne, échappe au raisonnement.

Lorsque l'esprit ne peut satisfaire à un désir, ou qu'il ne le pourrait que dans un temps très éloigné, (par exemple ici le besoin d'instrument a précédé de beaucoup la connaissance des moyens rationnels d'en construire) la nature dépose dans certains hommes un instinct si pur qu'un instrument fait d'après leur manière de jouer a toutes les chances d'être le plus sonore. Et cela est si vrai, que les instruments qui ne correspondent pas exactement aux mouvements d'un homme normal, comme les violons-demi, les violons-trois-quarts sont, quant à la sonorité, de beaucoup inférieurs aux instruments qui, au contraire, y correspondent, comme le violon et le violoncelle.

Chanot et Savart, « pour ne rien changer aux habitudes », reproduisaient la longueur du violon, de la caisse, des cordes, du manche, telle obliquité de la touche, telle obliquité des cordes, etc..., ils assuraient à leur instrument un son au moins supportable, parce que toutes ces choses, au cours des siècles, sont nées d'un instinct très pur. Ils profitaient de l'enseignement de la nature, sauf sur un point : ils n'utilisaient pas intégralement le mouvement du bras. S'ils ne s'étaient pas trompés ils n'auraient point trouvé de forme nouvelle.

La largeur de leur caisse est comme celle de Stradivarius, limitée d'une part par le passage de l'archet ; or, le mouvement du bras, on le verra plus tard, laisse un espace plus grand que l'archet environ vers la sixième position ; si l'on n'admet pas le moindre effort pour inutile, on est convié *au moins* à donner à la première moitié du violon la forme de la figure 7.

C'est ce qu'ils avaient négligé de faire ; ils rendaient inutile une partie du mouvement du bras, la nature reprenait ses droits : le timbre du violon n'était plus.

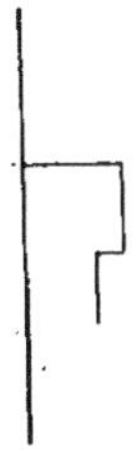

L'apport des violonistes dans la formation de leur instrument est donc considérable.

Aux luthiers, revient surtout la détermination des épaisseurs du bois, de sa qualité, des qualités du vernis ; aux violonistes, la détermination des formes humaines : longueur des cordes, hauteur des éclisses, inclinaisons de la touche, etc...

Aussi pour expliquer ces proportions n'y a-t-il qu'à étudier le mouvement du bras, c'est-à-dire voir comment le violoniste doit s'y prendre pour écourter les cordes et laisser près d'elle un certain espace.

Figure 7

CHAPITRE TROISIÈME

LE BRAS GAUCHE ET LE VIOLON

De l'attitude générale : Station droite ; station hanchée ; station assise. — Les quatre manières d'élever le bras jusqu'aux cordes. — La manière à choisir. — La valeur du mouvement de rotation. — Son utilisation d'après la manière d'élever le bras. — Moyen pratique pour donner au bras sa véritable forme. — L'influence du bras gauche sur le violon.

L'homme peut être debout au moins de deux manières : dans la position droite (station symétrique) ; dans la position hanchée (station insymétrique).

Station Symétrique

« Dans la station symétrique le poids du corps repose également sur les deux jambes, et le centre de gravité du corps se trouve dans un plan antéro-postérieur qui partage le corps en deux moitiés symétriques. Dans ce mode de station, dont on donne habituellement pour type la position militaire, l'action musculaire joue un rôle considérable, aussi ne peut-elle être maintenue longtemps sans fatigue.

Station Insymétrique [1]

« Dans la station insymétrique, le poids du corps repose sur une seule jambe, placée dans l'extension, et le centre de gravité du corps tombe sur l'articulation tibio-tarsienne de ce pied. L'autre jambe un peu fléchie, placée ordinairement en avant de la précédente, n'appuie que très légèrement sur le sol ; elle ne supporte en rien le poids du corps et ne sert qu'à rétablir l'équilibre par des mouvements presque imperceptibles. Ce mode de station est beaucoup plus avantageux que le précédent puisqu'il exige beaucoup moins d'action musculaire ; aussi les oscillations y sont-elles beaucoup plus faibles que dans la station symétrique. La position hanchée est la position naturelle, celle qu nous prenons instinctivement quand la station se prolonge au-delà de certaines limites. » [2]

Pour nous, violonistes, la position hanchée a un avantage précieux, c'est qu'elle laisse aux articulations une plus grande liberté. « Quand le corps ou les membres sont inclinés obliquement, ou légèrement fléchis, dit Petigrew (*La locomotion chez les Animaux*), l'étendue du mouvement s'accroît ». On peut se rendre compte de cela en élevant horizontalement les deux bras et en passant successivement de la position droite à la position hanchée : les bras tendent à se rapprocher, et on sent dans les articulations une plus grande aisance. Si l'on se hanche sur le côté gauche, c'est le bras gauche qui est le plus facilité et, si l'on se hanche sur le côté droit, c'est le contraire, c'est le bras droit qui est le plus facilité.

Or, comme le mouvement du bras gauche, est de beaucoup le plus complexe, il s'ensuit que le choix dans le côté

---

[1] Voir la figure 16.
[2] H. Beaunis *Eléments de physiologie humaine*, page 550.

à hancher est surbordonné au premier choix fait pour le côté du violon et de l'archet. Le violon étant tenu à gauche, non seulement on doit préférer la position hanchée à la position droite, mais on doit préférer la position hanchée à gauche, à la position hanchée à droite.

Cependant, aussi « violonistique » que soit cette position, on ne pourrait y rester longtemps. L'homme est organisé pour l'action et toute station prolongée au-delà du repos qu'elle procure est néfaste. Le meilleur moyen pour éviter des accidents (déformation des genoux, déviation et aplatissement des pieds, déviation de la colonne vertébrale, etc...) c'est de varier ses mouvements. Aussi est-il de première nécessité d'avoir pour jouer une bonne

Position Assise

Le violoniste, pour s'entourer du maximum de conditions matériels, doit avoir des mouvements bien définis. Si la position assise n'est pas prise à l'image de la position hanchée, le travail qu'il fera dans l'une nuira à celui qu'il fera dans l'autre. C'est en se plaçant à ce point de vue qu'il faut chercher la position assise.

Cette position a une mauvaise réputation. Les théoriciens qui en parlent ne font guère que la critiquer :

« On doit travailler debout, les mouvements du bras sont plus faciles dans cette position » (Habeneck. *Méthode de Violon*). « Pour étudier il est préférable de se tenir debout, la position assise étant beaucoup plus incommode et nuisant au mécanisme. » (M. Pennequin. *Méthode de Violon*), etc...

Baillot demandait pour le violoniste assis un marchepied. « La position de celui qui joue assis, dit-il, comme l'exige l'intimité du quatuor est très gênante et défavorable si l'on n'a soin de remédier à ses inconvénients en ayant un siège plus élevé de cinq à six pouces que ceux dont on se sert habituellement (environ de 20 à 22 pouces d'élévation depuis le plancher). Un marche-pied de très peu d'élévation devient nécessaire avec un siège élevé : les violons d'orchestre dont la fatigue est souvent excessive, trouveront un grand soulagement à se servir d'un marche-pied beaucoup plus haut pour le pied gauche que le pied droit [1].

Comme toujours ces conseils ne cessent pas d'être très empiriques ; pourquoi un siège plus élevé ? pourquoi un marche-pied inégal ? Aussi les raisons *n'imposant* pas la position, la position n'a pas survécu à celui qui l'avait prescrite.

M. Demeny s'appuyant sur des observations antérieures écrit : « Dans une bonne station assise, le corps doit reposer sur les cuisses et les deux fesses, il doit être d'aplomb sur le siège en effaçant les courbures vertébrales [2]. »

Pour prendre une telle position (nous avons en vue un homme de taille normal), voici, selon nous, ce qu'il faut faire :

Choisir un siège d'une hauteur de 47 centimètres ;

Tracer à 14 centimètres des deux pieds de devant de la chaise une ligne droite (nous supposons ces deux pieds arrivant à même le bord de la chaise) ;

Poser le commencement des deux talons sur cette ligne, les pieds un peu moins ouverts que l'équerre, le corps droit [3] ;

---

[1] Baillot : l'*Art du Violon*, page 253 ; voir aussi dans cette ouvrage la fig. VII de la planche I.

[2] Georges Demeny : *Les bases scientifiques de l'éducation physique*, Paris, Alcan, éditeur.

[3] La station debout correcte est l'attitude droite prise contre un mur vertical en faisant toucher la nuque, le dos, les fesses et les talons. G. Demeny.

S'asseoir sans déplacer les pieds et avec le minimum de mouvements (ne pas regarder son siège par exemple).

Si cela est fait, outre une sensation d'équilibre, on remarquera :

1° Qu'une ligne qui s'abaisserait verticalement en passant par l'extrémité du nez et le devant de la poitrine, se fondrait au bord et aux pieds de la chaise ;

2° Qu'une ligne qui passerait horizontalement au-dessus du siège, aboutirait à peu près au milieu de l'articulation du genou.

Cette position prise, reste à la rendre " violonistique ", de lui faire donner, si possible, les avantages de la position hanchée.

Or que l'on observe ce qui se passe dans le corps lorsque l'on passe de la station droite à la position hanchée à gauche :

Le buste est porté un peu à gauche et en avant.

La hanche gauche s'élève par rapport à la droite, et elle la dépasse même un peu.

Peut-on, assis, reproduire ces mouvements ?

Oui. Il n'y a qu'à porter la pointe du pied gauche 10 centimètres en arrière et 5 à droite.

Que l'on fasse ce mouvement de la jambe en posant les mains sur les hanches et l'on sentira, en effet, que la hanche gauche est, par rapport à la droite, ce qu'elle est déjà dans la position hanchée.

La position assise peut donc parfaitement " doubler " la position droite ; le tout est de la bien prendre.

*
* *

Dans ces deux positions le bras permet un certain nombre de mouvements :

Mouvement de l'épaule

Elévation. — Abaissement. — En avant. — En arrière. Circumduction.

Mouvement du bras

Flexion (en avant). — Extension (en arrière). — Elévation (abduction). — Abaissement (adduction). — Rotation externe. — Rotation interne. — Circumduction.

Mouvement de l'avant-bras

Flexion. — Extension. — Pronation (le pouce vient sur la couture du pantalon). — Supination (le petit doigt vient sur la couture du pantalon).

Mouvement des doigts

Flexion. — Extension.

Pour choisir dans tous ces mouvements ceux qui sont le plus favorables au jeu du violon, il est nécessaire d'établir tout d'abord entre le corps et l'instrument un certain rapport.

Comment, en effet, *diriger* telle partie du bras en tel point si l'on ne sait où se trouve ce point ?

A B sera la ligne des épaules.

C D (horizontale) la ligne du violon.

Ce premier rapport, bien entendu, est provisoire.

Si nous supposons une ligne horizontale passant comme C D à la hauteur de nos épaules, nous voyons qu'on peut atteindre cette ligne avec la main de quatre manières :

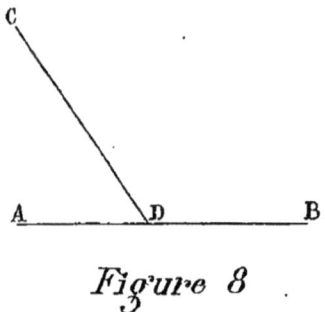

Figure 8

1^{ment} En élevant le bras tel qu'il est à l'état de repos ;

2ᵐᵉⁿᵗ En l'élevant avec une flexion de l'avant-bras correspondant à un angle obtus.

3ᵐᵉⁿᵗ En l'élevant avec une flexion de l'avant-bras correspondant à un angle droit.

4ᵐᵉⁿᵗ En l'élevant avec une flexion de l'avant-bras correspondant à un angle aigu.

Ces quatre manières ne demandent pas toutes la même dépense de force, selon qu'elles s'éloignent ou non du rôle des muscles et des articulations.

Dans la première, l'épaule fait tous les frais ; dans la seconde, l'épaule sert à peu près autant que le coude ; dans la troisième, le coude sert plus que l'épaule et dans la quatrième il sert plus encore.

Qu'elle est la manière qui est à choisir ? Celle évidemment ou la grandeur des mouvements correspond le plus à la mobilité naturelle des articulations.

Que l'on cherche à suivre la ligne la plus simple que le jeu des articulations permette, que l'on cherche à suivre une ligne verticale, le poignet et le bras étant étendus tout d'abord le long du corps. Ex. :

L'avant-bras aura, par rapport au bras, parcouru un arc de cercle de 90°, tandis que le bras par rapport à sa position première ne présentera un angle que de 45°

Le bras est donc à l'avant-bras ce que un est à deux, et, en effet, au point de vue physiologique, les articulations de l'épaule et du coude sont dans ce rapport.

Figure 9

Or quelle est, des quatre manières, celle qui maintient ce rapport ? c'est la troisième ; nous devons donc admettre, au moins provisoirement, que pour atteindre le point C (qui dès lors est soumis au point atteint dans l'espace par la main avec ce mouvement) l'avant-bras doit se fléchir sur le bras selon un angle de 90°, et le bras s'élever en formant, par rapport à sa position première, un angle de 45°.

Mais, comme l'avant-bras joint à la main est plus long que le bras, une partie de la main (ligne pointillée) dépasse la ligne horizontale passant par l'épaule (et l'on verra que c'est grâce à cela que l'on peut donner à la caisse du violon sa hauteur, sans altérer en quoi ce soit l'économie première du bras).

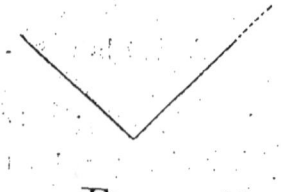

Figure 10

Le bras ainsi élevé, reste à mettre la main dans un rapport oblique avec les cordes.

Pour faire cela nous avons le mouvement de supination (voir la main entre la fig. 14 et la fig. 15, pages 55 et 59).

Mais par ce seul mouvement les doigts ne pourraient s'abaisser avec unité. Il y aurait bien un moyen, ce serait d'amener le violon plus à droite, vers le sternum : le bras se déplaçant comme un bras de compas rapprocherait davantage la main des cordes. Mais il ne serait possible que si l'on restait à la première position car pour démancher ce serait difficile. Aussi ne le voit-on employé que chez des ménétriers et des amateurs ou cité que par de vieux auteurs. Mozart nous dit qu'« il y a généralement deux manières de tenir le violon. La première est de *poser le violon directement contre la poitrine*, en abaissant un peu le côté de la chanterelle ; cette position est certainement très agréable à la vue des auditeurs, surtout quand on tient le violon librement et sans avoir un air gêné mais elle est un peu difficile pour le joueur parce que l'on n'a point de soutien quand il faut démancher [1].

[1] J. L. Mozart. *Méthode de Violon* (1756).

J.-B. Cartier dans son *Art du Violon* (1798) parle encore de cette position, mais quelques années après, dans la Méthode du Conservatoire, Rode, Baillot et Kreutzer n'en parlent plus : la difficulté toujours croissante l'avait éliminée.

Mais si l'ensemble du bras ne peut se déplacer qu'elle forme particulière lui donner ?

Avant de chercher une réponse, il faut remarquer une chose : c'est que si pour déplacer la main de la première position à une position plus élevée, on se sert de la flexion de l'avant-bras, jamais on n'aura la place pour mettre une caisse de résonnance, car la main suivra toujours le bord droit de la touche. Il faut donc, avant tout, que nous cherchions dans le bras un mouvement qui permette à la main *de parcourir une certaine distance, sans qu'il y ait flexion de l'avant-bras sur le bras.*

Parmi tous les mouvements du bras, il n'y en a qu'un qui permette cela : c'est le mouvement de rotation, et plus spécialement pour le violon le mouvement de rotation externe.

Si, en effet, après avoir tenu l'avant-bras selon la figure 10, on l'abaisse à gauche sans déplacer le coude, la main aura parcouru la distance qu'il y a de A à B, et cependant le bras et l'avant-bras seront toujours dans le même angle, il n'y aura pas eu flexion.

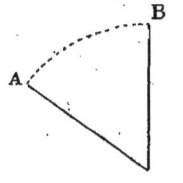

Mais, dira-t-on, si la main doit suivre la ligne des cordes, les cordes étant forcément en ligne droite, à quoi

Figure 11

pourra bien servir ce mouvement puisque la main décrit une courbe ? La réponse est facile.

Si, avec ce mouvement, la main suit par exemple la direction de la ligne A B, et le violon celle de C D, il faudra bien que la main s'abaisse au fur et à mesure que le mouvement du bras l'éloignera de la première position, car sans cela les doigts ne pourraient toucher les cordes. Que l'on abaisse la main en passant dans la figure 11 de A en B, on suivra toutes les droites que l'on voudra, il n'y aura qu'à abaisser la main en conséquence.

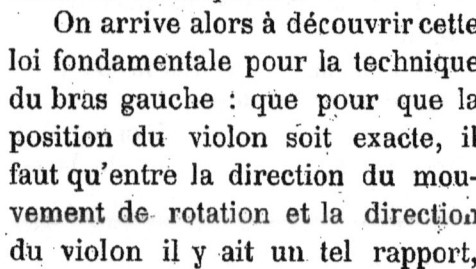
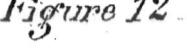

On arrive alors à découvrir cette loi fondamentale pour la technique du bras gauche : que pour que la position du violon soit exacte, il faut qu'entre la direction du mouvement de rotation et la direction du violon il y ait un tel rapport, que le mouvement d'abaissement de la main fait pour maintenir les doigts sur la corde suffise :

1° A rectifier, dans une progression toujours égale et dans toute la longueur des cordes, la ligne courbe que le mouvement de rotation fait forcément suivre ;

2° A combler toujours dans les mêmes proportions la distance qui se trouve entre le poignet et les cordes.

Si la direction du mouvement de rotation était comme dans la figure 12, parallèle au corps, ces deux conditions seraient-elles remplies ? Non. Pour cela il faut (le bras étant comme dans la figure 11 en A) que l'ensemble du bras soit dirigé plus à droite et élevé de telle sorte que la proportion naturelle des articulations soit respectée.

Et on arrive alors à constater — voyez l'économie profonde des choses — que le bras ainsi amené correspond exactement à la position du bras choisie provisoirement pour aller en C (figure 8), plus un « rentrage » du coude en prenant pour pivots, d'une part, l'épaule, d'autre part, la partie de la main qui est aussi éloignée du coude que le coude l'est de l'épaule.

Pour la pratique on peut ramener la formation du du bras à cinq mouvements.

PREMIER MOUVEMENT

Pour être sûr de bien faire ce mouvement, nous conseillons de prendre un morceau de carton ayant comme longueur de côté à peu près la longueur de l'avant bras, et de l'appliquer sur le devant du bras, à la hauteur du coude : on n'aura plus qu'à élever l'avant-bras jusqu'à ce qu'il soit arrêté par le côté horizontal du morceau de carton.

On trouvera les épreuves photographiques des clichés qui ont servi à l'illustration de cet ouvrage, chez M. Paul Darby, photographe, 147, Boulevard Saint-Germain, Paris.

DEUXIÈME MOUVEMENT

Elever le bras de telle sorte que l'angle du coude soit placé exactement au-dessous de l'angle du morceau de carton qui ne touche à aucune partie du bras.

TROISIÈME MOUVEMENT

Faire attention de ne pas déplacer le cubitus ; le radius (côté du pouce) seul doit être déplacé. Ce mouvement est très important. On peut même dire que c'est à son inobservance que l'on doit l'abandon de la position des grands violonistes classiques, position seule exacte.

QUATRIÈME & CINQUIÈME

MOUVEMENTS

Dans ces deux derniers mouvements, le coude est dirigé vers sa droite en prenant comme pivots l'épaule et le poignet.

Le violon est posé entre le pouce et l'index d'une part et la clavicule de l'autre de telle sorte que les doigts en

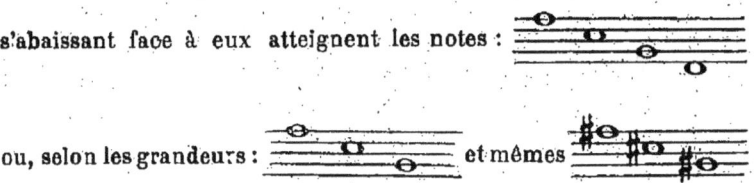

s'abaissant face à eux atteignent les notes : ou, selon les grandeurs : et mêmes

C'est ce rapport initial des doigts et des cordes (car il suppose celui du bras) qui doit servir de base au professeur pour donner à l'élève un instrument proportionné à sa taille.

La tête se tourne à gauche d'environ 45°; elle est donc dans la direction du pied gauche.

On remarquera que le violon est légèrement en dehors de la direction de ce pied.

Si l'on fait exactement ces cinq mouvements on tirera de soi le maximum de forces.

Il ne faut pas croire, cependant, qu'on y réussisse de suite. Beaucoup de petites choses viennent se glisser et il faut avoir une assez grande expérience du violon pour s'en apercevoir. Se méfier surtout du vêtement ; faire attention que le revers gauche ne surélève pas trop la clavicule. Il est bon de faire de temps à autre ces mouvements en bras de chemise ; on s'apercevra mieux des avantages d'une bonne position.

Le bras étant ainsi formé, il n'y a plus qu'à le regarder avec quelque attention, pour voir en lui le principe générateur du violon.

*Détermination de la première obliquité de la touche,
de celle des cordes, et de la hauteur du chevalet.*

Par rapport à une ligne horizontale qui passerait au-dessus du violon, la main est oblique à la première position, elle ne l'est plus en allant vers l'aigu [1]. La touche pour être en relation exacte avec toutes les positions de la main doit *diviser* cette obliquité : c'est ce qui oblige à incliner la touche de la première position à la dernière, et par là les cordes, et par là encore à donner au chevalet sa hauteur.

*Détermination de la seconde obliquité des cordes
et de l'inclinaison du violon*

Par rapport à une ligne verticale qui passerait par le milieu du corps, la main est oblique. La touche, pour être en relation exacte avec les extrémités des doigts, doit être inclinée de la corde *sol* à la corde *mi* — moins l'inclinaison naturelle du violon produite par une légère inclinaison de la clavicule et non comme on le croit généralement par des coussins. (Si l'on tient absolument à mettre un coussin il faut faire en sorte qu'il n'altère en *rien* cette inclinaison naturelle; autrement il détruirait l'harmonie du bras et du violon. D'ailleurs, avec un peu d'habitude, on s'aperçoit de sa parfaite inutilité ; le bras, dans ses mouvements, ne pouvant que *confirmer* la direction et la position que nous lui avons vu donner au violon).

*Détermination de la longueur des cordes,
de la longueur du manche, de la longueur de la caisse*

La distance qu'il y a entre le sillet et l'extrémité de l'index est l'unité de la longueur des cordes. Cette distance

---

[1] Voir la fig. 11 ; la main rectifie bien la courbe, mais elle perd l'obliquité qu'elle a en A.

étant de 33 millimètres et le premier ton se faisant à peu près au premier dixième, la partie vibrante des cordes doit donc avoir 33 centimètres

Les doigts doivent pouvoir aller jusqu'à l'extrémité des cordes, moins la place prise par l'archet : la distance maximum qu'il peut y avoir entre le quatrième doigt posé sur le 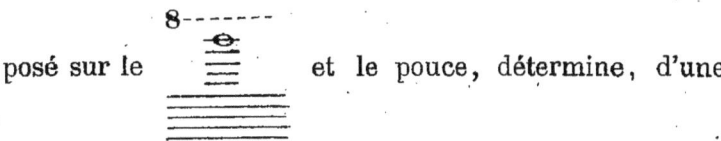 et le pouce, détermine, d'une part, la longueur du manche, de l'autre, la longueur de la caisse.

Détermination du point de départ de la touche et de la hauteur des éclisses

L'index étant appuyé à la première position, il y a, entre son extrémité et le point du poignet qui a servi de pivot, une certaine distance : cette distance est la distance qu'il doit y avoir entre le point de départ de la touche et le fond de l'instrument. L'obliquité de la touche comptant à partir de ce point, lorsque la caisse commence, l'intervalle à combler est une indication pour la hauteur à donner aux éclisses.

Quand on compare le violon de Stradivarius à ces données, on voit qu'il y correspond en tous points.

CHAPITRE QUATRIÈME

LA CORDE ET LE BRAS DROIT

Le rôle du bras droit et de la main. — Le jeu des forces ne doit pas être volontaire. — Les diverses formes du bras. — Le premier contact entre la main et l'archet. — La flexion de l'avant-bras sur le bras et l'obliquité de l'archet sur la corde. — La tenue de l'archet. — Utilisation des ressources du poignet et des doigts. — La forme du bras l'archet étant à la pointe. — La forme du bras l'archet étant au talon.

On obtient, dit Helmolthz[1], le mordant particulier aux instruments à archet, en passant l'archet au premier dixième de la corde. Il confirme ainsi le principe connu que l'archet doit toujours couper les cordes à angle droit.

Le violon ayant quatre cordes, le violoniste, en plus du « tirer » et du « pousser » a à faire passer l'archet d'une corde à une autre.

Ces deux lignes seraient assez faciles à suivre et le mouvement du bras pourrait prêter à des interprétations assez différentes si le passage de l'archet n'était soumis à certaines lois.

[1] Helmolthz : Théorie physiologique de la musique.

Si l'on pose l'archet sur un point O et qu'on le soutienne par un doigt posé en B, son poids sera partagé entre la corde et le doigt. S'il pèse 200 grammes, 100 grammes iront à la corde, 100 grammes iront au doigt. Mais que l'on pousse l'archet, la pression sera modifiée, le son sera inégal : le rendre égal par le seul concours du bras, voilà ce qu'il faut chercher.

Figure 17

***

Pour obtenir, sans effort spécial, un son parfaitement égal, il faudrait pouvoir pousser l'archet sans augmenter son poids sur la corde.

Théoriquement, ce moyen est des plus simples. Comme le violoniste a pour le maniement de l'archet un bras de libre, il semble qu'il n'ait qu'à ajouter à la force B une force C et aussi une force A pour allourdir l'archet selon les nuances marquées.

Dans la pratique, cependant, on ne peut *penser* à augmenter ou à diminuer ces forces dans une proportion exacte.

Tout au plus le pourrait-on dans des sons tenus longtemps, mais à la moindre augmentation de vitesse cette proportion serait abandonnée au hasard et le son, la plupart du temps, serait écrasé.

Figure 18

Pour exécuter une œuvre il faut être libre, il faut pouvoir s'y consacrer entièrement et l'on ne peut s'occuper de semblables détails. Le violon et l'archet doivent faire partie intégrante de l'homme; ils doivent être en lui aussi naturellement que la voix. Le bras *seul* doit produire le jeu des forces, ou tout au moins le violoniste ne doit avoir qu'à s'occuper du plus ou du moins : la proportion intime ne doit pas venir de lui. La méconnaissance de ce fait a conduit les théoriciens à propos du mouvement du bras droit, aux pires erreurs.

Quelques temps après la fondation du Conservatoire de Paris, Baillot, Rode et Kreutzer furent chargés d'établir les bases d'un enseignement du violon [1], Baillot fut chargé de la rédaction de l'ouvrage, et au sujet du bras droit voici ce qu'il écrit :

Tenue de la main et du bras droit.

« Il faut tenir la main un peu arrondie de manière à ce qu'elle soit plus haut que la baguette. Il est nécessaire de retirer légèrement le poignet vers le menton lorsqu'on commence une note depuis le talon de l'archet, mais on évitera d'outrer cette position qui n'est au contraire indiquée que pour donner de la grâce au développement du bras, et principalement pour que la direction de l'archet ne change jamais.

---

[1] Arrêté relatif à l'adoption d'une Méthode de Violon.

Aux termes du règlement du Conservatoire, une Commission spéciale, composée des citoyens : Baillot, Blasius (Pierre), Blasius (Frédéric), Catel, Chérubini, Grasset, Guénin, Guérillot, Kreutzer, Lahoussage et Rode, s'est réunie le 13 germinal an 9, à l'effet de procéder à la formation d'une Méthode de Violon, pour servir à l'enseignement dans le Conservatoire de Musique.

Les citoyens Baillot, Kreutzer et Rode ont été désignés pour préparer ce travail.

Le 25 pluviose an 10, le citoyen Baillot a présenté à la Commission la rédaction d'une Méthode de Violon. Ce travail examiné avec le plus grand soin a été adopté.

Le citoyen Grasset, membre de la Commission, a été chargé d'en faire le rapport à l'Assemblée générale.

Les Membres de la Commission : P. Blasius, Kreutzer, Lahoussage, Guenin, Grasset, Catel, Chérubini, Baillot.

« On doit laisser au bras toute sa souplesse et avoir soin de ne point lever ni baisser le coude : le poignet et l'avant-bras se porteront d'eux-mêmes un peu plus haut pour atteindre les cordes basses, et se remettront ensuite dans la position la plus naturelle lorsqu'on jouera sur la chanterelle.

Mouvement de l'archet, de la main et du bras droit.

« On doit employer, en règle générale, l'archet d'un bout à l'autre.

C'est principalement le petit doigt qui soutiendra tout le poids de l'archet lorsque la hausse sera près du chevalet ; à mesure qu'elle s'en éloignera le petit doigt cessera de soutenir la baguette et restera simplement posé dessus sans la moindre roideur ainsi que les autres.

« Il faut que la main soit dans la même position au commencement ou à la fin de l'archet, pour que la baguette reste un peu inclinée, comme nous l'avons dit, et pour que la corde soit toujours coupée dans la même direction.

« L'avant-bras seul suivra le mouvement de la main et se repliera un peu en approchant du chevalet.

« L'arrière-bras ne doit point avoir de mouvement direct, et ne doit participer en rien, non plus que le coude, aux mouvements de l'archet dont toute la force viendra seulement de l'index, du pouce et du poignet. »

Tous ces principes, en général, sont très exacts et l'observation scientifique, en les expliquant, ne fait que les confirmer. Mais l'instinct qui avait guidé Baillot, Rode et Kreutzer [1] n'a pas guidé les violonistes qui

---

[1] Baillot a avoué que lorsqu'il écrivit cet ouvrage, il n'avait sur la manière de jouer du violon aucune connaissance précise. Voir à ce sujet son *Art du violon.*

leur ont été postérieures et les théories les plus diverses ont été échafaudées.

Baillot avait écrit : « Il faut laisser le poignet un peu plus haut que la baguette. » On lit dans la *Méthode de Violon* de M. Pennequin : « Le poignet se place toujours plus bas que les doigts », et dans « *Les principes rationnels de la technique du violon* » de M. Kœckert : « Dans sa position normale, le poignet ne sera ni abaissé ni relevé (cassé). La main sera donc dans le prolongement rectiligne de l'avant-bras. » Page 9.

Habeneck (Méthode de Violon) affirme que la main, le coude et la partie inférieure du bras doivent être sur le même plan, et MM. J. Joachim et A. Moser dans leur Traité du Violon (page 27) n'affirment pas moins que le coude doit toujours être maintenu un peu plus bas que le poignet. Quant à la manière de « pousser » l'archet jusqu'au talon et d'arriver jusqu'à la pointe, si on lisait plusieurs auteurs on ne pourrait plus faire sortir un seul son du violon [1].

Et ce qu'il y a de plus curieux, c'est que les auteurs de ces ouvrages, forts la plupart du temps de leur talent de virtuose, affirment et affirment toujours, accusant d'erreur tous ceux qui ne pensent pas comme eux.

Depuis Chr. Simpson (1600), dit M. Kœckert [2], on a écrit une foule de méthodes de violon. Elles se composent toutes d'une série d'exercices et d'études groupés plus ou moins logiquement et progressivement, partant des

---

[1] Voir comparativement la position du poignet, l'archet étant au talon, dans les gravures que contiennent ces trois ouvrages : Baillot : *l'Art du Violon* ; M. Pennequin : *Méthode du Violon* ; J. Joachim et A. Moser : *Traité du Violon* 1er volume ; planche entre les pages 16 et 17.

[2] G. Kœckert : *Les principes rationnels de la technique du violon*. Leipzig, Breitkopf et Hartel éditeurs, 1904.

éléments de l'Art pour finir aux grandes difficultés. Ces méthodes nous fournissent souvent d'excellents matériaux d'étude, mais elles ne nous enseignent guère les moyens à employer. Relisez la lettre de Tartini à son élève Maddalena Lombardini (1760) : c'est le chef-d'œuvre de l'enseignement empirique du violon. On n'a guère fait mieux depuis.

Quelle est la raison de l'insuffisance de ces nombreux ouvrages, et d'où viennent les contradictions qu'ils offrent entre eux ?

Au lieu de s'attacher à la recherche d'un principe général, ces méthodes abondent en cas particuliers et encombrent la difficulté technique en visant à un effet musical. L'élève pense aux notes qu'il doit jouer, et il oublie, plutôt il ignore comment il doit s'y prendre. Rarement il sait exactement en quoi consiste la difficulté, quelle en est la cause, comment il faut l'analyser, l'étudier pour la vaincre ».

Voilà certes qui est bien observé et plein de promesses. Que va faire M. Koeckert ? Chercher sans doute un principe général puisqu'il voit là le salut. Malheureusement nous avons étudié son ouvrage et nous n'avons pas vu que cette recherche ait changé quelque chose à l'empirisme des méthodes préexistantes. Il se perd lui-même dans une foule de détails, et encore pour l'archet seulement, car pour la tenue du violon, pour la formation du bras gauche il dépense tout juste 27 lignes qui pourraient être signées Simpson, Tartini ou Baillot.

« Dans sa position normale, la main formera le prolongement rectiligne de l'avant-bras, c'est-à-dire que le poignet ne sera plié ni dans un sens, ni dans un autre. Le manche du violon sera appuyé contre la première phalange de l'index, autrement dit au-dessus de la première articulation. Le pouce sera renversé en arrière, du

TENUE DE L'ARCHET

côté de la coquille, autant que possible. De cette manière, le manche trouve un appui entre le pouce et l'index ; il sera tenu comme dans une rainure.

L'index, replié en arrière le plus possible, sera placé etc... » et la description continue (page 33) toujours aussi « rationnelle ».

D'où vient que M. Koeckert parti, somme toute, d'un point de vue excellent et animé d'un souci qu'on ne trouve guère, hélas ! chez les autres auteurs, n'arrive pas à justifier le titre de son ouvrage ? C'est que lui aussi commet la faute de considérer le violon et l'archet comme révélés ou comme ayant apparu à l'homme, un beau jour, à la manière d'un bolide.

Dans le bras droit il y a l'archet, comme dans le bras gauche il y a le violon ; et les lois qui régissent la corde contiennent la forme « violonistique » de ces deux bras. Oublier cela, c'est faire une erreur de méthode ; c'est tourner le dos à toute explication.

**

Si de la manière la plus simple on élève le bras jusqu'à la ligne idéale que doit suivre l'archet, celui-ci étant supposé placé sur la quatrième corde, on remarque trois choses :

1º Que le point où la main coïncide avec cette ligne sera la limite extrême d'un côté de l'archet et probablement du déplacement du bras ;

2º Que la main est perpendiculaire à la baguette ;

3º Que si la main était horizontale, la baguette passerait obliquement par rapport aux cordes.

Le premier contact avec l'archet n'est donc pas de suite parfait ; il faut faire certains mouvements.

Des trois forces que la main doit donner, 2 vont

de haut en bas (A et C) une va de bas en haut (B).

Comme le pouce est le seul doigt opposable, c'est à lui que revient la force B et par sa présence il divise en deux courants la force des 4 autres doigts posés au-dessus de lui sur la baguette. Si, étant dans le premier contact, on abaisse, pour obtenir ces trois forces, le côté gauche de la main sans bouger aucunement le bras, on s'aperçoit que l'index ne pourrait toucher la baguette ; le mouvement de pronation est insuffisant. Que faire ? Seule, une élévation du coude pourrait permettre de saisir l'archet. Le mouvement futur du bras permet-il cette élévation ? — Plus : il l'exige.

Sur chaque corde, en effet, l'archet a un certain degré d'obliquité. Posé sur la quatrième corde, il est à peu près comme cette droite A B (fig. 19). Que peut-on demander tout d'abord au mouvement du bras ? Qu'il permette de la manière la plus simple de conduire l'archet selon cette pente. Si la position initiale du bras ne permet pas cela :

Ou l'archet pèsera sur la corde.

Ou il en sera enlevé.

Or qu'on fasse la remarque de suite : plus le coude est élevé latéralement au corps, plus la flexion de l'avant-bras sur le bras tend à l'horizontale.

Quelle serait la ligne de flexion de l'avant-bras, le bras étant dans le premier contact ? Au lieu de suivre la ligne de l'archet sur la quatrième corde (fig. 19), la main suivrait à peu près celle-ci :

Il faut donc élever quelque peu le coude. Cette élévation est minime : dès que l'index touche la baguette et que les doigts peuvent, sans aucune raideur, la saisir, il est suffisant. Le déplacement du bras pour activer l'archet dans la position la plus éloignée (4me corde et à la pointe) est donc très peu étendu. C'est ce qui faisait dire aux premiers violonistes que « le coude doit rester au corps ». Cela n'était pas littéralement vrai, mais traduisait assez l'impression que l'on ressent en donnant au bras le déplacement que l'on trouve en partant de ce que nous appelons le premier contact. Comme le coude est peu élevé (la flexion supplantant avantageusement l'abduction), en passant sur la corde *ré*, sur la corde *la* et enfin sur la chanterelle, le coude se rapproche du corps ; mais comme il rencontre assez vite le corps, l'avant-bras suit à peu près seul l'archet dans le passage au *la* et à la chanterelle, ce qui a pour effet de faire incliner légèrement l'archet sur ces cordes. Détail admirable quand on songe que cette inclinaison diminue la quantité de crins sur la corde, ce qui est en conformité parfaite avec l'épaisseur que l'on donne aux différentes cordes du violon.

On conçoit alors aisément que pour faire avec égalité le coup d'archet appelé *arpeggio* :

Concerto en **mi** mineur, de MENDELSSOHN.

il n'y a qu'à maintenir sur les cordes *ré, la* et *mi* la position qu'a le poignet sur la quatrième corde sans s'occuper de la forme que prend alors le bras. Cela est vrai aussi pour les coups d'archet rebondissants : sautillé, trémolo, ricoché.

Certains théoriciens, épris d'une logique toute superficielle, ont voulu que le bras ait toujours autant d'élévation que la baguette (l'abduction supplanterait le flexion). Au lieu de prendre pour base le premier contact ils prennent sans aucune raison la position du bras sur la chanterelle, mais ne la prenant pas avec la forme à laquelle on aboutit par le premier contact (voir fig. 16) ce qui alors pratiquement reviendrait au même, ils raccourcissent forcément le bras.

Pour aller jusqu'au talon il faut alors forcer le jeu des articulations, et comme l'archet — on le verra plus tard — n'est que la conséquence de ce jeu, le son obtenu est étouffé.

Ce n'est pas que certains violonistes n'arrivent, malgré ce défaut, à obtenir une sonorité agréable. Mais cela ne signifie rien. Ceux qui ont une sonorité agréable en maltraitant leur nature l'auraient bien plus agréable encore s'ils la respectaient, et d'ailleurs il ne faut rien exagérer sur la soi-disant beauté de ces sonorités. L'éducation générale est si mauvaise qu'il y a souvent très loin entre une sonorité trouvée jolie et une sonorité naturellement belle. Le son doit avoir quelque chose de serein, d'heureux, qui *fasse honte* en quelque sorte à la mélodie jouée, lorsque cette mélodie est d'origine impure.

De nos jours les sonorités trouvées les plus jolies sont souvent celles auxquelles semblent convenir des airs frelatés.

Avec cette légère élévation du bras on obtient alors cette tenue d'archet ;

dans laquelle on remarque :

1° Que les 4 doigts s'étendent sur une longueur d'environ 80 millimètres à partir du 30me millimètre de la baguette (archet de Tourte) ;

2° Que, vu de dessus, le côté droit du majeur coïncide avec la fin de la hausse.

3° Que la baguette est oblique par rapport à tous les doigts, et que le petit doigt est *posé* sur la baguette tandis que l'index l'est sur la seconde phalange.

4° Que l'angle entre le pouce et la baguette est d'environ 45°.

Au sujet de la tenue de l'archet, Baillot avait dit : « La baguette doit être posée sur le milieu de la deuxième phalange de l'index ». Plus tard, de Bériot écrivit qu'elle devait l'être entre la première et la deuxième et de nos jours M. Pennequin écrit qu'elle doit l'être sur la première seulement. Pour les uns, le pouce est oblique par rapport à la baguette (tous les classiques et dans les modernes M. Koeckert) pour les autres il est presque à angle droit (J. Joachim et A. Moser).

Pour les uns, le pouce touche et le bouton de la hausse et la baguette (Baillot etc....) pour les autres, il ne doit jamais toucher la baguette si ce n'est un peu vers la pointe (Pennequin etc.)... La plupart de ces contradictions nous montrent l'importance d'une bonne tenue du violon pour avoir une bonne technique de l'archet. Si deux violonistes ont leur violon posé différemment, que l'un par exemple tienne la coquille plus à gauche que l'autre, ou la base plus rapprochée ou plus éloignée du sternum, l'angle entre la ligne de l'archet et celle du corps ne sera plus le même, et dans le *premier contact* on ne remarquera pas entre la main et la baguette les mêmes rapports.

Ainsi Baillot écrit : « Le violon doit être placé sur la

clavicule, de manière à ce que l'extrémité du manche se trouve devant le milieu de l'épaule [1], et M. Pennequin : « Il faut diriger la volute du violon un peu à gauche de manière à diriger le coude vers l'épigastre. » Ils diffèrent dès le début, aussi quand Baillot a son archet à la pointe (voir les planches de l'*Art du violon*), son archet est vraiment à la pointe, tandis que celui de M. Pennequin avec le même déploiement du bras n'y est pas. De là à modifier la tenue de l'archet il y a peu.

Pour le pousser de l'archet (et par conséquent pour le tirer) en plus de la saisie de l'archet, on connaît déjà trois sortes de mouvements :

1° Le coude est placé de façon à ce que le fléchissement de l'avant-bras se fasse selon l'obliquité de l'archet posé sur la corde ;

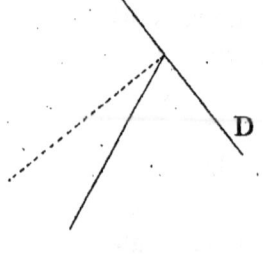
Figure 22

2° L'avant-bras se fléchit sur le bras ;

3° Pour corriger l'insuffisance de ce mouvement de flexion le coude se rapproche de la ligne de l'archet.

Ces trois mouvements seraient encore insuffisants ; car si l'archet grâce au rapprochement du coude pourrait passer sur la corde toujours au même point, son

---

[1] Ce texte n'est pas très clair et peut prêter à de fausses interprétations. Pour en comprendre l'exactitude il faut en tenant le violon correctement, se placer devant une glace le pied gauche à peu près d'équerre avec la glace, de façon à se voir juste en face. Si on enlève alors le violon on voit en effet que la partie de l'index qui touche au manche passerait au milieu de l'épaule si l'on traçait une droite perpendiculaire à la glace C'est sans doute en se regardant ainsi que Baillot a formulé son principe, oubliant de parler — peut-être ne s'en était-il pas aperçu — de cette préparation nécessaire.

extrémité cependant ne cesserait pas de dessiner une courbe, entre la ligne idéale à suivre (ligne pointillée) et la ligne qu'il suivrait (ligne pleine). Dans la figure 22 la ligne C D est la ligne supposée des cordes.

Le pousser de l'archet exige donc encore un autre mouvement. Or que reste-t-il de libre, d'inusité dans les ressources du bras qui puisse nous servir ? — Il reste :

L'articulation du poignet ;
Les articulations des doigts.

Comme avant tout nous devons choisir le plus simple, tant tout au moins que le plus simple donne les avantages du plus complexe, il faut chercher, pour rectifier l'archet de tel sorte qu'il revienne à la ligne pointillée de la fig. 22, un mouvement qui permette :

1° De laisser autant que possible la main dans son premier rapport avec l'archet (tenue de la fig. 21) ;

2° De contre-carrer avec les deux forces B C la pression que nous avons vu augmenter sur la corde au passage de l'archet.

Peut-on au lieu de laisser la main dans le prolongement de l'avant-bras l'amener à un mouvement latéral par un avancement du poignet vers la bouche et une légère élévation de ce poignet ?[1] Oui ; la direction de l'archet serait alors considérablement modifiée. Fig. 23.

Mais, comme on le voit, elle ne le serait pas tout à fait assez, et c'est alors qu'on s'aperçoit de l'apport des doigts dans la direction rectiligne de la baguette :

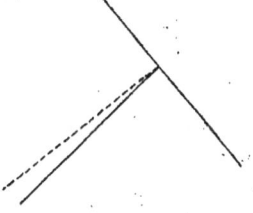

Figure 23

---

[1] Cette élévation est là pour donner à ce mouvement l'obliquité qui a été reconnue nécessaire à l'avant-bras pour suivre la ligne de l'archet.

ils comblent au cours du passage de l'archet la distance que l'on voit réunie en un seul point, au talon.

Pour cela le petit doigt et l'annulaire, selon leur position, rentrent un peu sous la main, ils *appuient* en conséquence sur la baguette pour la faire pivoter sur le pouce.

La ligne pointillée qui était encore éloignée de la ligne pleine à la figure 23, se trouve, grâce aux doigts, unie à elle.

Et comme on peut le remarquer, plus le mouvement du bras permet de conduire l'archet selon l'exigence de la loi qui veut que l'archet coupe toujours les cordes à angle droit, plus le violoniste trouve *naturellement en lui* de quoi équilibrer son archet. Là encore on constate que tout se tient. Que le mouvement qui satisfait pleinement à une loi étrangère à l'homme satisfait également au besoin du plus simple de l'homme. C'est par ces détails que l'étude du violon montre les relations parfaites qui existent entre l'anatomie et la physiologie et l'acoustique.

Le mouvement du bras que nous venons d'étudier donne pour ces deux extrêmes : pointe et talon, les formes de la page 89 et de la page 93.

Dans les deux gravures qui suivent les 1er, 2me, 3me et 4me doigts sont ainsi posés :

Première corde : *fa*.
Deuxième corde : *do*.
Troisième corde : *sol*.
Quatrième corde : *ré*.

C'est d'ailleurs la position que nous avons vu au troisième chapitre, mais sous une autre face.

POSITION DU BRAS, DE L'AVANT-BRAS
ET DE LA MAIN

L'ARCHET ÉTANT A LA POINTE

POSITION DU BRAS, DE L'AVANT-BRAS
DE LA MAIN ET DES DOIGTS

L'ARCHET ÉTANT AU TALON

Que s'est-il passé là ? Les deux forces A B ont été amenées à une plus grande dépense. Dans quelle proportion l'ont-elles été ? Voilà maintenant ce qu'il faut savoir. Si elles l'ont été de telle sorte qu'un archet construit d'après elles apparaisse à l'expérience comme le plus souple, le plus expressif, le plus « en main », de tous les mouvements possibles du bras, celui que nous venons de voir, seul, devra être considéré comme naturel.

CHAPITRE CINQUIÈME

LE BRAS DROIT ET L'ARCHET

L'utilisation musicale du bras droit. — Formation psychologique des coups d'archets. — Le son filé ; les détachés ; les martelés ; le sautillé. — Les proportions de l'archet de Tourte, d'après Vuillaume. — Détermination de la position du centre de gravité par le mouvement du bras étudié jusqu'ici. — L'archet de Tourte confirme ce mouvement. — L'influence du bras droit sur l'archet. — Plan d'études d'une école modèle de violon.

Le mouvement du bras qui vient d'être étudié produirait un son dont la pureté, indépendamment des qualités personnelles de sensibilité, dépendrait de la proportion établie entre la pression de l'archet sur la corde et sa vitesse.

Le minimum de cette pression, le minimum de cette vitesse est le point de départ de tous les coups d'archet : c'est le son filé.

Du son filé dépendent tous les autres, aussi est-il considéré comme un baume souverain contre toutes les affections du bras droit. Deux heures de sons filés disait

Viotti me guérissent de plusieurs jours de rouille [1]. Tous les violonistes qui font convenablement ce coup d'archet en connaissent la valeur. Mais pour être bien fait il demande une lutte intérieure que seuls soutiennent ceux qui ont inné le besoin de chanter. Aussi Tartini qui avait posé en axiome que pour bien jouer il fallait bien chanter, est-il, au sujet de son emploi, très affirmatif. Dans a lettre à son élève Maddelena Lombardini il écrit :

« ... Votre principale étude doit se borner pour le moment à l'usage et à la puissance de l'archet, afin de vous rendre maîtresse de l'exécution et de l'expression de tout ce qui peut être joué ou chanté, dans la mesure de votre instrument. Votre première étude doit donc consister à trouver la véritable manière de tenir, de contrebalancer l'archet et de le presser légèrement sur les cordes, de sorte qu'il semble réellement respirer en rendant le premier son, ce qui résultera de la friction opérée sur les cordes et non de la percussion qui ressemblerait à un coup donné avec un marteau. Ceci dépend entièrement de la légèreté avec laquelle vous appliquerez l'archet sur les cordes dès le premier contact ; en l'appuyant doucement d'abord, ensuite d'une manière plus prononcée, cette *pression* graduée *peut devenir aussi énergique que possible*, parce qu'il n'y a guère de danger que le son commencé avec délicatesse devienne ensuite dur et grossier.

Dans les ouvrages d'enseignement, à l'article « sons filés » on recommande généralement de faire passer l'archet le plus doucement et le plus lentement possible.

---

[1] Nous avons vu au premier chapitre le moyen de connaître la proportion qu'il faut donner à ce travail, ou à un travail similaire.

Cela est vrai, mais n'est vrai qu'à demi. Passer l'archet doucement et lentement n'est pas un but. En violon on joue toujours fort, et l'archet va toujours le plus vite possible, *mais on ne joue ainsi que par rapport à la force dépensée.* Ce qu'il faut c'est obtenir beaucoup d'un déplacement relativement minime du bras. Si l'on prend une note, n'importe laquelle, et que presque sans déplacer l'archet on cherche à produire un son comme si l'on voulait remplir une salle (nous exagérons pour bien montrer la manière d'être de cet effort) on aura par rapport à soi la base véritable de toute la technique de l'archet, la base sur laquelle pourront se greffer avec toute leur caractéristique les autres coups d'archet [1].

Si en effet, en partant du son filé on consent à dépenser un effort plus grand, la vitesse de l'archet et sa pression sur la corde seront augmentées : on aboutira alors au grand détaché. Ex. :

[1] Ce que nous disons là pour le bras droit, s'applique sous une forme différente, au bras gauche. Que l'on prenne un exercice quelconque, une simple gamme à la première position ; si l'on a ce même besoin de simplicité dans l'effort, on commencera malgré soi à abaisser les doigts très lentement (au métronome deux temps de 44 environ) et en consentant à un effort plus grand, on accélérera le mouvement jusqu'à une vitesse inouïe, et toujours en conservant la plus grande souplesse.

Si les notes se succèdent rapidement, on n'emploiera qu'une partie de l'archet, et on aura toute la famille des détachés : détaché de pointe, détaché de milieu, détaché de talon.

Le détaché le plus employé est le détaché de pointe, parce que c'est celui qui demande le moins de déplacement au bras, l'avant-bras seul y étant utilisé.

Pour la division de l'archet, Baillot, Rode et Kreutzer donnent d'excellents conseils.

« La netteté du jeu, la rondeur du son et l'accent particulier que l'on donne aux traits, principalement aux notes détachées, tiennent, disent-ils, à la manière dont on divise l'archet, c'est-à-dire à la place où on le pose, et au plus ou moins de développement qu'on lui donne. Comme il est indispensable d'allonger le coup d'archet lorsqu'on veut mettre à la fois de l'énergie et de la largeur dans un trait, de diminuer son étendue quand le mouvement et le caractère du morceau l'exigent, de le faire enfin plus court et plus marqué dans de certains cas où la variété de l'expression le demande, on donne comme des principes généraux les exemples suivant dont *l'intelligence de l'élève* devra faire l'application, et sans lesquels il ne pourrait jamais réussir à mettre l'accent convenable dans une infinité de morceaux de musique moderne.

Dans l'adagio

où tous les sons doivent être soutenus lentement on emploiera l'archet d'un bout à l'autre et on donnera le plus de liaison possible à toutes les notes.

Si elles doivent être nécessairement détachées, on les soutiendra tout le temps de leur valeur, avec le même étendue d'archet.

Adagio

Dans *l'allegro maestro* ou *moderato assai* où le coup d'archet doit être plus fréquent et plus décidé.

Maestoso

il faut donner au détaché le plus d'étendue possible depuis environ la moité de la baguette pour que les sons soient ronds et que la corde soit mise en pleine vibration. On doit aussi tirer et pousser l'archet vivement et mettre entre chaque note une espèce de petit repos. Ex. :

Dans *l'allegro*, l'archet aura moins d'étendue ; on commencera la note à peu près vers les trois quarts de la baguette, et l'on fera les notes sans les séparer par des repos.

Dans le *presto*, le coup d'archet devant être encore plus fréquent et plus vif, on donnera moins d'étendue au détaché que l'on fera de même des trois quarts de l'archet (nous avons vu pourquoi il était préférable d'utiliser le quart près de la pointe) mais on aura soin de lui en donner assez pour que la corde soit également bien mise en vibration, afin que les sons portent aussi loin qu'il est possible, que chaque note puisse ressortir, et qu'on puisse donner au jeu de la force et de la chaleur.

Plus on allongera ces coups d'archets, et plus ils produiront d'effet si on les place à propos ; mais il ne faut rien outrer et l'on doit chercher à régler son archet suivant la mesure de ses moyens.

On observe au surplus que *cette division d'archet ne concerne que les traits, et que dans les passages de chant il faut étendre ou ménager l'archet suivant le mouvement et le caractère des morceaux*[1]. »

[1] Baillot, Rode et Kreutzer : *Méthode de Violon*.

Ces conseils laissent deviner une connaissance profonde du violon, de son génie, de sa fonction. Chaque instrument, par sa disposition, hérite d'un certain nombre d'effets qui n'appartiennent qu'à lui et qui sont perdus pour la musique, si l'on ne sait faire revivre en soi le besoin d'expression du compositeur au moment où celui-ci, consciemment ou non, s'en est servi. C'est pour cela qu'un instrumentiste est toujours avantagé d'une œuvre qu'il comprend ou lui plaît, et qu'un véritable artiste ne peut rien faire d'une musique inexpressive.

Si l'on augmente la pression au-delà de la vitesse possible on a un coup d'archet forcément très bref et très fort, appelé martelé. Ex. : (Toutes les notes qui se trouvent sur la première partie du temps sont en martelé).

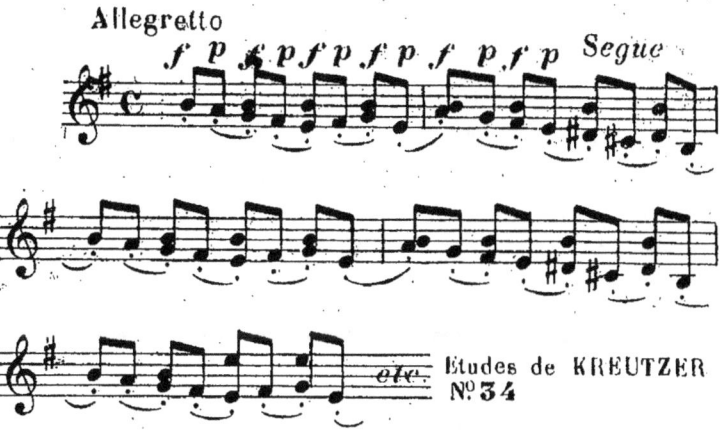

Études de KREUTZER
N° 34

En conservant la même proportion entre la pression et la vitesse, mais avec une dépense encore moins grande d'archet, et en conservant pour plusieurs notes la même direction à l'archet on a le staccato. Ex. :

Travailler tout d'abord l'étude ci-dessus.

Puis ne conserver que les premières notes de chaque temps :

ou les faire à contre-temps ce qui est encore mieux :

Puis presser le mouvement :

On arrive ainsi à faire facilement le staccato de la 7ᵐᵉ Etude de Rode :

C'est le staccato classique. Il se fait surtout de la pointe (même raison que pour le détacher et en plus parce que la corde est plus éloigné de l'index) et en poussant ; en tirant, la baguette fuit sous la pression. Quant à l'autre staccato, à celui de Paganini, de Vieniawski, il est la conséquence d'un état spécial que les physiologistes appellent tétanos ; les excitations nerveuses ne dépendent plus d'un acte précis de la volonté, et si on ne le fait pas naturellement il est inutile de le travailler.

Si l'on utilise l'effet spécial que produit la prise de son, on a encore un coup d'archet nouveau, appelé sautillé. Cette étude doit se jouer à la 3ᵉ position, dit l'auteur. Vu la tonalité, on remarquera, pour mémoire, que c'est à la 3ᵉ position augmentée qu'elle doit se jouer.

LE BRAS DROIT ET L'ARCHET

Etudes de RODE
N° 10

Il se fait par le mouvement des doigts utilisé dans le passage de l'archet de la pointe au talon moins le mouvement latéral du poignet et le déplacement du bras. Au premier pousser, l'archet est enlevé des cordes ; après, il n'y a plus qu'à le laisser rebondir : si le violon et le bras sont bien placés[1], le sautillé sera bon ; sinon, il ne produira qu'un bruit et l'archet ne rebondira que difficilement.

Ces coups d'archets sont les plus employés, mais on peut en les combinant, en les disposant sur des rythmes, sur des dessins mélodiques nouveaux, en trouver beaucoup d'autres. M. Sevcik, dans sa « Méthode du Technique de l'archet », en a imaginé 4000 ! Un mouvement qui peut servir à tant de fins doit nécessairement déterminer un archet très souple, très expressif. « C'est évidemment, dit Helmotz, la pratique qui a fait découvrir aux facteurs

---

[1] On a vu page 77 que pour les coups d'archet où l'archet doit rebondir, la position du bras pour les cordes *ré*, *la* et *mi* est celle qu'on obtient en conservant au poignet la position qu'il a par rapport à la baguette sur la corde *sol*.

d'instruments (il parle du piano) la proportion à observer entre l'élasticité du marteau et le son de la corde. » On peut en dire autant des matières employées pour l'archet. On s'était servi de bois généralement lourds. Tartini par un jeu plus varié (témoin les 50 variations de son Art de l'Archet) devait le faire alléger. C'est Tourte qui, dit-on, s'aperçut de la supériorité du bois Fernambouc sur ceux employés jusqu'alors, et bien que depuis il y ait eu d'autres essais, ce bois portait en lui l'estampille du vrai, et il n'a pas été supplanté. La difficulté de se procurer de ce bois avait suggéré à Vuillaume l'idée de construire des archets en fer. « Les essais furent nombreux avant d'obtenir la perfection voulue : il fallait arriver à donner à un tube creux en acier la cambrure, l'élasticité et en même temps la vigueur nécessaires. A force de patience et d'études, ces résultats furent obtenus, et on vit des artistes tels que de Bériot, Arto et autres se servir des archets en métal, qui se vendaient vingt-cinq francs comme ceux en bois. (Voir au Musée instrumental du Conservatoire de Paris, le n° 46 du catalogue) »[1].

C'est à Tourte également que revient l'honneur d'avoir donné à ce bois les proportions qui, on le verra, se trouve dans le mouvement du bras droit.

Voici, d'après Vuillaume, ces proportions :

« L'archet comporte une partie cylindrique ou prismatique de dimension constante dont la longueur est de $0^m 110$. Quand cette portion est cylindrique son diamètre est de $0^m 008\ 6/10$. A partir de cette portion cylindrique ou prismatique, le diamètre de l'archet décroît jusqu'à la tête, où il est réduit à $0^m 005\ 3/10$; ce qui donne entre les diamètres des extrémités une différence de $0^m 003\ 3/10$,

[1] Vidal : *Les instruments à archet*, page 278.

ou 33/10 de millimètre ; d'où se tire cette conséquence que la baguette comporte dix points où son diamètre est nécessairement réduit de 3/10 millimètre à partir de la portion cylindrique. »[1]

Jusqu'à ce jour cette explication a été considéré comme la plus exacte, comme répondant au besoin le plus absolu de connaissance. Cependant, bien qu'il y ait là des calculs d'une grande valeur pratique pour le « faiseur » d'archets, cette explication est incomplète ; à dire vrai elle n'en est pas une. Dire que Tourte sans jamais varier a reproduit telles et telles proportions, n'est pas justifier ces proportions. C'est la codification d'un procédé empirique — tout comme la partie théorique des méthodes — mais ce n'est pas une explication scientifique. Dans le mouvement du bras lorsque l'archet va de la pointe au talon, il se passe quelque chose ; c'est ce quelque chose qu'il faut connaître. Mais diront certains violonistes — beaucoup même — à quoi dans la pratique cette connaissance peut-elle bien servir si l'archet de Tourte, tout comme le violon de Stradivarius, sont à tous les points de vue des merveilles ? Dans la pratique cela ne servirait absolument à rien si l'on pouvait se procurer une technique aussi parfaite que les types de ce violon de cet archet, et si le lot des violonistes était de toujours agir et ne jamais comprendre. Mais malheureusement cela n'est pas ; on n'a pas forcément sa cervelle au bout des doigts, et la technique, il faut se la faire soi-même. Et comme on mesure plus facilement les proportions d'un violon ou d'un archet que celle d'un mouvement du bras ; que tout violoniste distingue un violon trois quarts d'un violon entier, et peu, très peu, distinguent un mouvement « vio-

[1] Cité par Fétis dans *Stradivari*, page 126.

lonistique » d'un qui ne l'est pas, il faut bien se résigner à connaître. De savoir quelles sont les propriétés d'un corps, d'un aliment par exemple, on ne change rien non plus à la valeur de cet aliment. Un œuf est toujours un œuf avant comme après son étude, mais il n'en reste pas moins vrai que celui qui en connaît les propriétés pourra l'utiliser d'une manière bien plus efficace et que si par exemple son organisme est troublé au point de ne supporter que cet aliment, il vaincra bien plus facilement l'ennui du régime si dans son esprit il s'en représente les bienfaits. Si l'on dit à un violoniste : « tenez le bras de telle façon », il obéira ou n'obéira pas ; la plupart du temps il n'obéira pas. Etant élève dans un conservatoire, nous avons entendu le professeur dire pendant plusieurs années à un camarade d'« abaisser le coude ». Ce camarade a quitté la classe sans s'être corrigé et il est probable qu'il ne l'a pas fait depuis. Si le professeur avait pu lui démontrer d'abord la perte de forces que cette position lui causait, puis l'antinomie qu'il maintenait entre le mouvement du bras et celui auquel Tourte avait obéi en construisant ses archets, il est certain qu'il serait arrivé à le corriger ou tout au moins il aurait eu pour le faire une autorité qu'il n'avait pas.

Eh bien : l'autorité acquise par l'étude rationnelle des faits, est précisément l'*arme* qui nous est donnée pour vaincre la difficulté toujours croissante. Si l'une n'est pas aiguisée en proportion de l'épaisseur de l'autre on sera bientôt arrêté : l'enseignement ne répondra pas aux besoins du temps. A cet égard l'enseignement actuel est à modifier.

Dans le passage de la fig. 24 à la fig. 25, c'est-à-dire dans le pousser, on peut remarquer 4 mouvements :

1^{ment} La main passe par rapport à l'avant-bras de la position du premier contact à la ligne droite, puis à un angle obtu.

2^{ment} Le poignet s'élève progressivement.

3^{ment} Le petit doigt et l'annulaire se rapprochent de la ligne de l'archet et, en se fléchissant, maintiennent la baguette toujours dans la même position : ce qui n'aurait pas lieu si l'on ne faisait que mouvoir le poignet latéralement et en hauteur, ou, au rebours, si l'on ne faisait que fléchir les doigts sans mouvoir ainsi le poignet.

4^{ment} Le pouce se fléchit légèrement.

Par ce mouvement l'archet doit rester très « à la corde » et le maximum de sonorité doit être obtenu ; dans le passage du pousser au tirer ou du tirer au pousser on ne doit entendre aucun heurt ; la baguette reste toujours sur le plan de la corde. Ces qualités, bien entendu, dépendent du travail que l'on fait et des dispositions naturelles de chacun ; mais ce dont il faut bien se rendre compte, c'est que le mouvement a une véritable prédisposition à donner ces qualités. C'est là surtout ce qui est à considérer. Au point de vue théorique, c'est même la seule chose à considérer, car, dans la pratique, à force de travail on arrive toujours à pallier quelques défauts d'une technique. Quant aux défauts qui restent, notre oreille n'a plus l'indépendance nécessaire pour nous en faire apercevoir, et c'est ainsi que certains violonistes conservent une sonorité pénible, étouffée, qu'ils pourraient, avec un peu d'attention, rendre au moins sympathique.

A ces 4 mouvements jusqu'alors, il n'y a pas à penser ; les articulations se chargent de tout : il n'y a aucune *intervention humaine*. Or, comment savoir si ces quatre mouvements déterminent un archet suffisamment souple, suffisamment sensible ? Pour le savoir voici ce que nous avons imaginé :

Nous supposons un bras aucunement dévoyé.

Prendre un archet et fixer à son extrémité un poids en forme de petit cylindre creux comme par exemple un macaroni [1]. Le centre de gravité est alors déplacé ; c'est tout ce qu'il faut.

Si l'on place le poids de façon à ce que le centre de gravité tombe au centimètre 33 en comptant à partir de la hausse :

Le pousser ne sera possible que si en plus du mouvement décrit ci-dessus on appuie *volontairement* le petit doigt (force C). Sur la quatrième corde, on a beaucoup de peine à tenir l'archet, et au talon la flexion des doigts est impossible.

Si l'on place le poids de façon à ce que le centre de gravité tombe au centimètre 28 :

Toute la première partie du mouvement se fera déjà plus naturellement ; mais il y a, bien qu'un peu plus tard, *intervention humaine*.

Si l'on place le poids de façon à ce que le centre de gravité tombe au centimètre 25 :

Il y a encore intervention, mais moins longue et moins importante.

Au centimètre 22, l'intervention n'est presque plus perceptible.

Au centimètre 19, elle l'était peut-être un peu plus.

Au centimètre 20 elle était nulle : les forces C et B ont donc avec cet archet une tendance à agir d'elle-même, à agir chacune selon la position initiale de ses doigts.

---

[1] Cette forme bien entendu n'a rien d'obligatoire ; c'est simplement que nous la trouvons pratique ; il n'y a en effet qu'à faire passer une ficelle au travers et ainsi l'on peut facilement fixer le poids en tous les points de l'archet.

Nous regardons les proportions données aux archets reconnus comme les meilleurs, nous regardons les proportions employées par Tourte, et nous voyons, si nous posons un de ces archets sur un doigt, qu'au centimètre 20 il tient en équilibre : Le mouvement du bras étudié au chapitre précédent se trouve donc confirmé. Une fois de plus le mouvement le plus simple a déterminé l'outil le meilleur.

Pour avoir le centre de gravité au centimètre 20, il faut bien en effet amincir la baguette vers la pointe et la charger au talon, puisque le milieu de la distance qu'il y a entre les cordes et la main au premier contact (distance que doit remplir l'archet) ne correspond pas à ce centimètre. On a là déjà une indication précieuse pour assouplir la baguette. Quant à la forme de la hausse, elle n'a, comme partie vraiment humaine, que le bouton où le pouce s'appuie, et encore n'a-t-il apparu que tard, car, en effet, pour y penser, il fallait déjà avoir un souci assez grand d'utiliser toutes les forces de la main, de les bien équilibrer.

En résumé, le mouvement du bras droit détermine trois points de l'archet :

La longueur, par la distance qu'il y a entre la main au premier contact et les cordes ;

La proportion dans les épaisseurs de la baguette et la position du *centre de gravité*, par le jeu naturel des articulations ;

Le *bouton* et l'*excavation* de la hausse, par la position oblique du pouce aussi bien par rapport à une ligne verticale que par rapport à une ligne horizontale.

Les autres parties de l'archet ne dépendent plus directement de l'homme. Ce sont des appréciations de détail, des questions de sensibilité, des questions d'acoustique, comme par exemple de régler le poids de la baguette selon la tension, l'épaisseur, la densité des cordes. Le travail du luthier pour les épaisseurs du bois, la composition du vernis, etc... se reproduit ici pour le faiseur d'archets.

La spécialisation commence, humble d'aspect et pourtant grande de résultats. Par elle l'homme s'enrichit d'un organe nouveau : le violon. Cet organe, il est vrai, n'a pas encore la vie. Mais que le violoniste à son tour donne son effort, que lui aussi se spécialise, et, s'il est « bon conducteur », si l'instrument l'est aussi, l'œuvre du compositeur *sonnera* telle qu'elle aura été conçue : le but qui était à atteindre sera atteint.

Sans le violon tout une forme d'art serait perdue. Il est l'agent irremplaçable de toute une littérature, d'une manière d'exprimer Le violon est la fin réelle de tout un état de choses. Enlevez le violon du monde, une certaine disposition du corps et des lois acoustiques sera inutile.

« Dans tout germe vivant, a dit un savant illustre, il y a une idée créatrice qui se développe par l'organisation. » On peut dire que cette idée se retrouve aussi à l'origine des techniques. Le violon en est une preuve. Quand on sait l'influence sur la sonorité et sur le mécanisme des plus petits détails dans la disposition du corps, on reste confondu. Il y a dans la nature une finalité en vue du violon comme il y en a une en vue de toutes les formes instrumentales ; et cette finalité est d'autant plus précise que l'instrument par rapport à l'expression est précieux. L'étude scientifique des techniques montrera que tout l'art d'enseigner est de rapprocher le plus possible chaque élève de l'ordre universelle, l'homme étant considéré comme instrumentiste.

Un travail fait d'après une utilisation parfaite du corps

peut se poursuivre sans inquiétude : le résultat sera ce qu'il doit être. Pas une seconde de labeur ne sera sans porter son fruit. La certitude dans les résultats donnera la patience dans le travail, et la patience est presque la moitié des études. Il faut étudier avec calme. Quand on est à une mesure *ne pas désirer* être à la suivante, pour être, par là, plus tôt à la fin Pour progresser il faut chercher le mieux dans la note avant de le chercher dans la mesure, dans la mesure avant de le chercher dans la phrase, et le plus grand ennemi du progrès c'est l'impatience.

On met un mois pour savoir un morceau quand il en faudrait six, et les six morceaux que l'on travaille en ce temps non seulement ne donnent pas la sixième partie des résultats d'un seul bien travaillé, mais énervent le jeu, empêchent le développement parfait de tous les mouvements. Celui qui saurait être patient au point de commencer par exemple à travailler un trait rapide de doubles-croches par deux battements de 60 au métronome pour chaque double-croche, et qui n'augmenterait la vitesse qu'en étant absolument sûr d'avoir fait *le mieux*, celui-là ferait des progrès immenses. Et il ne faut pas croire que ce travail puisse être ennuyeux. On ne s'ennuie jamais quand on sent qu'on s'approche de ce qui est bien ; c'est seulement le travail inutile qui ennuie et décourage. D'ailleurs il n'y a pas qu'à répéter une certaine quantité de fois un mouvement pour jouer un passage. L'intelligence a une grande part. L'étude d'un mouvement peut donner lieu à de nombreuses observations ; et en vérité, tant que ces observations n'auront pas été faites, le violoniste ne possédera pas son art.

La pureté d'expression est inséparable de la pureté des moyens. Tout se tient, et deux violonistes d'éducation musicale égale interpréteront différemment selon l'exactitude de leurs mouvements. On peut remarquer cela surtout dans les œuvres où la difficulté technique est unie à l'expression. Le prélude de la 6ᵐᵉ sonate pour violon seul de Bach en offre un exemple remarquable. Ce prélude au point de vue musical est de toute beauté. Cependant quel que soit le degré de compréhension musicale d'un violoniste, si sa technique du bras droit n'est pas *absolument pure*, jamais il ne pourra en donner une exécution parfaite, tandis qu'un violoniste qui n'en saisira pas la beauté mais dont la forme du bras suivra de très près la nature pourra le jouer parfaitement. Et il ne faut pas s'illusionner, beaucoup de virtuoses nous semblent, par l'interprétation qu'ils donnent des œuvres, des musiciens de haute culture qui ne sont en réalité que des musiciens et des artistes médiocres. Chez eux, la nature fait presque tout. Cette nature étant analysable, quel niveau d'exécution ne pourrait-on pas atteindre et quelle hiérarchie *méritée* ne mettrait-on pas entre les violonistes si l'enseignement dotait de moyens très précis et très sûrs ceux capables de sentir et d'aimer les œuvres réellement belles de la musique ! Et pourquoi, après tout, n'y arriverait-on pas ? Puisque le mal demande plus de peine que le bien sans en procurer les joies et les avantages, pourquoi ne se mettrait-on pas à étudier sérieusement le violon ?

Une école de violon bien comprise devrait contenir :
1° Des cours (un par semaine environ) d'enseignement technique pratique, (études, exercices, concertos d'école[1]) ;

---

[1] Nous désignons sous le titre de concertos d'école, des œuvres de violonistes qui, bien qu'insuffisantes pour développer le goût et l'expression, sont cependant nécessaires dans la pratique pour acquérir certaines qualités techniques. Certaines œuvres de Kreutzer, de Rode, de Paganini, de Vieuxtemps pourraient être ainsi désignées.

2° Des cours (un par semaine aussi) d'enseignement expressif, (œuvres musicales en suivant autant que possible pour les plus caractéristiques au point de vue technique, l'ordre chronologique) ;

3° Un supplément au premier cours : notions d'anatomie et de physiologie ; étude des rapports de l'homme avec l'instrument ; étude des conséquences sur le jeu du violon, des vices de conformation et d'éducation ;

4° Un supplément au deuxième cours : adaptation des moyens expressifs du violoniste à l'œuvre à jouer ; étude de la phrase musicale, de l'application des doigters, des coups d'archet, etc. ; notions d'histoire instrumentale.

L'élève ainsi formé recevrait au point de vue violon une éducation complète. Conscient de son talent, une fois professeur, il pourrait *enseigner*. Et certes il y aurait là un résultat appréciable, surtout quand on songe à la quantité considérable de violonistes qui, faute d'être bien instruits, n'obtiendront jamais de leur travail et de leurs dispositions le talent auquel ils ont droit.

TABLE DES FIGURES

Pages

FIG. 1. Schéma de la première disposition des cordes pour l'utilisation de l'archet à bras.................... 8

FIG. 2. Schéma d'une disposition des cordes pour l'utilisation de l'archet à bras et des doigts. 10

FIG. 3. Mécanisme d'un orgue à cordes 16

FIG. 4. Division approximative de la touche pour les sept premiers tons d'une corde. 24

FIG. 5 Position de l'index, la main étant parallèle aux cordes 31

FIG. 6. Position de l'index, un côté s'éloignant des cordes .. 31

FIG. 7. Forme élémentaire de la première moitié du violon en utilisant intégralement la place que le mouvement du bras laisse près des cordes 37

FIG. 8 Position provisoire du violon 41

FIG. 9. Le jeu des articulations, la main suivant une ligne verticale 45

FIG 10. La troisième manière d'élever la main jusqu'aux cordes.................... 46

FIG. 11. Le mouvement de rotation ; l'avant-bras est fléchi sur le bras comme dans la figure 10.................... 47

FIG. 12. Premier rapport entre la ligne du mouvement de rotation et la ligne du violon à la fig. 8 48

FIG. 13. Premier mouvement. L'avant-bras est fléchi sur le bras de façon à former avec lui un angle de 90°... 51

FIG. 14. Deuxième mouvement L'ensemble du bras est élevé de façon à ce que la partie de l'avant bras égale en longueur au bras, soit par rapport à une ligne horizontale dans le même degré d'obliquité que le bras 55

TABLE DES FIGURES

Pages

Fig. 15. Troisième mouvement La paume de la main est amenée près des cordes.... 59

Fig. 16. Quatrième et cinquième mouvements 63

Fig 17 L'archet soutenu par la corde et la force B 70

Fig. 18. Les trois forces A B, C 70

Fig. 19. L'obliquité de la mèche de crins, l'archet étant posé sur la quatrième corde.... ...., ... 76

Fig. 20. L'obliquité de la mèche de crins après une flexion de l'avant-bras sans une légère élévation du coude vers la droite................................... 76

Fig. 21. Tenue de l'archet 81

Fig. 22. Direction de l'archet au talon sans le mouvement du poignet et des doigts 84

Fig. 23. Direction de l'archet au talon sans le mouvement des doigts.................................... 85

Fig. 24. Position du bras, de l'avant-bras, de la main et des doigts, l'archet étant posé sur la chanterelle à la à la pointe 89

Fig. 25. Position du bras, de l'avant bras de la main et des doigts, l'archet étant posé sur la chanterelle à la pointe.................................... 93

TABLE DES MATIÈRES

Pages

Préface.. 5

CHAPITRE I
L'idée de violon

La corde et le désir des violonistes — L'archet à bras. — Influence de l'archet à bras sur la disposition des cordes. — L'archet mécanique. — Influence de l'archet mécanique sur la disposition des cordes — Le choix des violonistes. — La proportion entre l'effort donné et le résultat obtenu oblige le violoniste à équilibrer son travail selon les qualités de son instrument. — Moyen pratique d'équilibrer son travail...... 7-21

CHAPITRE II
La corde et le bras gauche

L'obligation d'écouter les cordes — Première difficulté : les intervalles à combler ne sont jamais égaux entre eux. — La position ; système de Gémianini ; système de Léopold Mozart ; essai d'un système rationnel. — Deuxième difficulté : la main doit contourner une caisse résonnance. — Les diverses formes créées. — Chanot, Savart et Stradivarius......... 23-37

CHAPITRE III
Le bras gauche et le violon

De l'attitude générale : station droite ; station hanchée ; station assise. — Les quatre manières d'élever le bras jusqu'aux cordes. — La manière à choisir — La valeur du mouvement de rotation. — Son utilisation d'après la manière d'élever le bras. — Moyen pratique pour donner au bras sa véritable forme. — L'influence du bras gauche sur le violon......... 39-67

CHAPITRE IV

La corde et le bras droit

Le rôle du bras droit et de la main. — Le jeu des forces ne doit pas être volontaire. — Les diverses formes du bras. — Le premier contact entre la main et l'archet. — La flexion de l'avant-bras sur le bras et l'obliquité de l'archet sur la corde. La tenue de l'archet — Utilisation des ressources du poignet et des doigts. — La forme du bras, l'archet étant à la pointe. — La forme du bras, l'archet étant au talon 69-95

CHAPITRE V

Le bras droit et l'archet

L'utilisation musicale du bras droit. — Formation psychologique des coups d'archets. — Le son filé; les détachés; les martelés; le sautillé. — Les proportions de l'archet et de Tourte d'après Vuillaume. — Détermination de la position du centre de gravité par le mouvement du bras étudié jusqu'ici. — L'archet de Tourte confirme ce mouvement. — L'influence du bras droit sur l'archet. — Plan d'étude d'une école modèle de violon...97-115

Table des figures 117-118
Table des matières... 119-120

www.ingramcontent.com/pod-product-compliance
Lightning Source LLC
Chambersburg PA
CBHW071728090426
42738CB00011B/2416